マジシャンだけが知っている最強の心理戦略

Steve Cohen
スティーブ・コーエン
宮原育子 訳

Discover

マジシャンだけが知っている　最強の心理戦略

推薦のことば

スティーブ・コーエンは、巧みに相手に働きかけ、望みどおりの物を手に入れる方法を知っています。

スティーブの手にかかると、みんなが彼に協力的になり、進んで彼の言いなりになってしまうのには、本当に驚かされます。スティーブは慎重に、辛抱強く、ことば巧みに相手に働きかけます。

買い手の心をくすぐるコツを心得た店員から物を買うのは、気分がいいものですよね。スティーブはこのやり方の達人です。しかし、これは決して偶然に身についた技ではありません。

スティーブと付き合う間に、私は彼の仕事を心から尊敬するようになるとともに、彼と友達になりました。彼のマジックはとても洗練されていますが、これは鍛えられた知性と、技術への強いこだわりなしには成立しないものです。

スティーブは自らマジシャンを名乗っていますが、実は彼はセールスパーソンなのです。**彼が人々に売っているのは、スティーブ・コーエンがやってのけることに驚いて目を見張る喜びです。**

一流のセールスパーソンは、一度物を売っただけでお客さんとの関係を終わらせることは望まないし、相手に不必要な物を売りつけようとも思いません。彼らは相手の要望を聞き出して、それを満たし、お客さんに満足して帰ってほしいのです。そうやって、長続きするお得意さんをつくるのです。それこそスティーブが本書で成し遂げたかったことです。

社会は常に素晴らしいセールスパーソンを必要としています。この本を読んで実践に励んだなら、誰もがそういう存在になれるに違いありません。私には素晴らしいセールスパーソンを見分ける能力がありますが、スティーブはその最高の部類に入る人間だと思います。彼からは誰もが何らかの秘訣を学ぶことができるはずですよ。

ザ・リッツ・カールトン（サンフランシスコ）
セールス・マーケティング担当取締役
マシュー・L・マルティヌッチ

もくじ

MAGIC 1

マジシャンはどうやって観客の心をつかむのか？

MAGIC 2

最高の自分をもって場にのぞむ

コミュニケーションスキル

MAGIC 3

聞き手に信頼と好印象を与える

話し方&プレゼンテーション

MAGIC 4

相手の心理を自在にあやつる

華麗なる心理テクニック

MAGIC 5

相手の気持ちを引きつけて離さない

カリスマになる方法

MAGIC 6

相手の状態や頭の中をスパッと見抜く

読心術

MAGIC 7

会話を思いどおりの方向に導く マジックワード

MAGIC 8

相手の視線や興味を思うままにあやつる

ミスディレクション

はじめに

プロのマジシャンとして、私はマジックのさまざまな秘訣を集め、詳細に記録し、それを大切に守ってきました。

さまざまな秘訣とは、たとえばコインの裏表を自在にあやつったり、金属製の物同士を通過させたり、人間を宙に浮かせたりする方法といったものです。実に魅力的でしょう？　でも私がこれから明かすのは、そうした技術や錯覚に関する秘訣ではありません。これはそういうタイプの本ではないのです。

むしろ私は本書で、マジックを可能にしている心理学的法則をご紹介し、それを上手に応用して人（一人の場合も、百人の場合も）の心をつかむ方法についてお教えします。

「人の心をつかむ」とは、それと分からない穏やかなやり方で人を支配することです。相手は強制されたとか、あやつられたなどとは感じません。**この本の目標は、あなたが人前で自信とカリスマ性をフルに発揮できるようになることです。**そうすれば、相手はあなたの提案に熱心に耳を傾け、あなたのアドバイスを検討し、あなたの指示に従って行動するようになります。

マジックは手先の早業だけで成り立つものではありません。マジックとは本質的に、見る者と演じる者の心理ゲーム、両者の頭脳の間で繰り広げられる心理戦です。

この本を読めば、これまでどんなマジシャンも明かしたことのない、人の心をあやつる秘訣を手に入れられます。ひとたびこの秘訣を学んだなら、あなたはすぐにでも日常の付き合いの中に生かしたいと思うはずです。その場の雰囲気をつかんで、人の心を読み、相手の好奇心をかきたてて自分の言葉に熱心に耳を傾けさせる——あなたはきっとその方法を見つけるはずです。

本書で学べること

本書を読めば、マジシャンの思考方法が分かります。

早業のトリックを演じながら、マジシャンは実は頭をフル回転させて、観客の好奇心を呼び起こし、その関心を引きつけ、共に過ごした楽しい思い出を持ち帰ってもらうという難しい技をこなしています。これは、私たちの誰もが使うことのできる技のはずです。本書を読めば、きっとあなたにも使えるようになりますよ。

「でも、僕には大勢の観客を感動させる必要なんかないよ」と考える方もいらっしゃるでしょう。大丈夫。**大勢の人の前での振る舞い方だけでなく、1対1の人間関係においても堅実な成果をあげるための方法も学ぶことができます。**

観客とは、結局のところ個々人の集まりです。自分に反対するひとりの人間を支持者に変える方法が分かれば、あとはどんな反対派集団にも同じ取り組み方ができるはずです。

「同じトリックを繰り返して見せてはならない」「種明かしをしてはならない」という、マジシャンの伝統的な法則は知られていますが、本書は、それに五つのルールを加えます。このルールは、あなたと人との関わり方を変えてしまうかもしれません。このルールこそ、私がステージでも私生活でも大切な指針としているものです。

マジックの法則は自信を深めてくれますので、あなたは常に積極的に物事に取り組めるようになります。この法則を読み、学んだことを応用すれば、**あなたもマジシャンのように、人々に影響を及ぼせるようになるのです。**

私たちマジシャンはショーの中で観客をだまします。でも、だましのテクニックはこの本の主題ではありません。それより、どのように人に影響を及ぼして自分のリードに従わせるかについてお話ししていきます。

ショーの中で観客が私の依頼どおりに動くのは、彼らが私を気に入ってくれたからです。観客は私の自信を感じとり、私が彼らの期待を裏切ることはないと確信しています。そのようなリーダーの立場につくにはどうしたらいいか、人々が進んで従ってくれるようなカリスマ性を高めるにはどうしたらいいかを、本書から学んでいただきたいのです。

本書の一番の長所は、並外れた知性も、特別な技能も必要としないことです。少なくとも普通の能力と、向上したいという意欲さえあれば、人を動かす技術のレパートリーは次第に広がっていきます。

ニューヨークにお出かけの節は、どうぞチェンバーマジックショーにお越しください。私が本書に書いたテクニックを実際の演技にどう生かしているかを見ていただけると思います。マジシャンがいかに観客を動かすかという心理的秘訣を、あなたも共有することになるのです。いつかあなたとお会いできることを楽しみにしています。

WIN THE CROWD by Steve Cohen

MAGIC 1

マジシャンはどうやって観客の心をつかむのか?

5つのルールで、誰でも相手の心を意のままにリードできる

マジックの技術は何千年も前から存在しています。考古学者によると、象形文字で書かれた文章にも手品を演じる描写が出てくるそうです。それと同じトリックが今も観客の目を欺《あざむ》いているのですから、本当に面白いですよね。

さて、あなたが初めて見たマジックを思い出してみてください。バーベキューのときに従兄が披露《ひろう》したカードトリック？　マジシャンが空のバスケットからウサギを引っ張り出すところ？　あるいはテレビのマジック番組で見た美人の空中浮揚？

こうしたトリックが成り立つのは、マジシャンが一連のルールに従っているからです。

幸いなことに、このルールは誰でも学ぶことができ、そして、それを応用することで、人に影響を及ぼすこともできます。私はステージの上だけでなく、家族や友人、仕事仲間、近所づきあいなどにおいても、このルールを利用しています。

私はこのルールをマジックの法則と呼んでいます。マジシャンたちがパフォーマンスの際に堂々として見えるのは、この法則を守っているからです。

あなたもこの法則に従い、マジシャンのように考える習慣をつければ、もっと自分に自信が持てるようになるはずです。あなたに積極性が加われば、人はそれを感じとり、自然とまわりに集まってきて、あなたのリードに従うようになります。

では、さっそくマジックの法則を披露しましょう。

ルール1　大胆に行動せよ　危険を恐れるな——自信のない態度や言葉遣いは禁物。
ルール2　成功を信じよ　難題にもあらゆる可能性を信じて取り組む。
ルール3　説明するのではなく、伝えよ　あからさまに口にせずに、暗示の効果を使う。
ルール4　練習、練習、練習！　密かに練習に励み、いとも簡単にやっているように見せる。
ルール5　万全の準備こそ最大の武器　常に観客の数歩先を行く。

さあ、ひとつひとつを詳しく見ていくことにしましょう。

ルール1

大胆に行動せよ

マジックで重要なこと――それは、手の中に何かを隠し持っていても、さりげない表情で通すことです。これは見た目ほど簡単ではありません。度胸がいるのです。

試してみましょう。正面からは見えないよう、コインを指に挟んで隠し持ってください。それを持ったまま、食事をしたり、会議に出たり、家族と話したり……いつもと同じことをして1日を過ごします。ごく自然に振る舞ってください。1日が終わるころには、何も持っていないふりをするのがいかに難しいか、よくお分かりでしょう。

二流のマジシャンは気おくれして、無意識のうちにそれを態度に表してしまいます。何をどう隠しているかは、観客には分かりません。でも、何かを隠していることは分かる。気がひけていると態度がぎこちなくなります。これではマジックで人を幻惑するなどころではありません。観客も大きな不満を感じながら帰ることでしょう。

一流のマジシャンは、何の気おくれもなしに観客から物を隠し通すことができます。人々の注視の中でも、自然に振る舞うすべを身につけているのです。

いつも何かを隠せと言っているわけではありません。私が提案しているのは、自分のコンフォートゾーン（気楽にしていられる領域）を広げることを学んでほしいということです。人々に見つめられている中で自然に振る舞うのは簡単なことではありません。勇気がいります。マジックの法則を自分のものにするには、**まず人を恐れなくなること、相手にどう思われるかとビクビクするのをやめることが先決です。**

リスクをとれば、その報酬も大きくなる

大胆に行動すれば、必ずこれまでにない成果が得られるはず。あなたは今まったく新しいことをやっているのだから！

ラスベガスの伝説的マジシャン、ジミー・グリッポはある日、これを証明しました。

銀行にいたグリッポは、午後6時に金庫室の扉が閉まりはじめたのに気づくと、とっさにポケットからトランプを1枚取り出し、閉じる寸前の扉めがけて飛ばしました。狙いどおり、カードは、ガードマンに気づかれることなく金庫室に滑り込みました。

翌朝、グリッポは新聞記者を伴って銀行に現れると、マジックに立ち会うよう支店長を説得しました。そしてトランプ1組を取り出し、きのう金庫室に滑り込ませたカード（♥の9）と同じ札をまんまと記者に引かせると、グリッポは巧みな早業でそのカードを消してみせ、支店長に扉を開けるよう指示しました。

支店長は断りました。扉は自動設定で、8時になるまで誰も開けられないと。しかし数分待つうちに8時となり、扉がカチッと開きました。支店長が金庫室に入ると、何と♥の9が床に！

かくして支店長と新聞記者は「奇跡」の目撃者となったわけです。

リスクをとらなければ、どんな成果が得られるかは分かりません。グリッポの「奇跡」は翌日の新聞の特集記事を飾りました。マジシャンの生活は世間の噂や評判に大きく左右されますから、新聞に取り上げられることには千金の価値があります。

リスクをとる意味はあるかって？　もちろん、ありますとも。

たとえうまくいかなくても、後でいくらでも謝るチャンスはあります。でも、もしうまくいったなら、あなたはヒーローです。

あなたなら、自分の仕事や生活の中でどのようなリスクをとることができますか?

すぐにできそうなことを思いついた方は、大胆さとはどういうものかをすでに理解したようなものです。

エクササイズ 1 ―― 引っ込み思案を克服しよう

「どうしたら大胆になれるのでしょう?」

素晴らしい質問です。あなたが内気なタイプなら、なおさら知りたいですよね。幸運なことに、大胆になるために大変身する必要はありません。少しずつ変わっていけばいいのです。はっきり意見を言うことくらい、簡単にできるようになりますよ。

1 ── 知らない人にお世辞を言ってみる

エレベーターで知らない人と乗り合わせたら、黙っていないで、ちょっとしたお世辞を言ってみましょう。何かしら目についたことを取り上げて、こんなふうに言えばいいのです。「素敵なセーターですね。いいな」

時計でも、帽子でも構いません。こんなささやかな行動でも、相手の反応を引き出すことになります。

無視されたり、変わった人だと思われたりしても、気にすることはありません。お互いすぐにエレベーターから降りるのですから。拒否されて嫌な気分になっても、すぐに忘れてしまいます。これまで知らない人に話しかけたことがなかった人は、相手が意外と気軽に応じてくれることが分かって嬉しくなるかもしれません。

内気な人は、毎日5人の人間にお世辞を言うことを目標にしましょう。

2 ── 授業や会議で手を挙げる

ある内気な女子大生は、教授に指されるのを恐れていました。そこで私は勇気を出して、自分が恐れていることを進んでやってみなさいとアドバイスしました。彼女は指される前に率先して挙手し、積極的にクラスに貢献する決意をしました。

最も難しかったのは、最初に手を挙げる瞬間だったそうです。でも一度このハードルを飛び越えたら、どんどん恐れが薄れ、自然に議論に参加できるようになったとのこと。一見、簡単そうに見えるこの決心によって、彼女は成績を上げ、教授やクラスメートから一目置かれる存在になりました。

指名されるのを待っていたら、永遠に待っているだけで終わってしまいます。**自分からはっきり意見を言って、人の注目を集めましょう。**いくら面白い考えを持っていても、言わないでいたら何の役にも立たないのです。

人は自分よりユニークで面白い人間に引きつけられるもの。これは私のエンターテイナーとしての実感です。自分の意見を押し殺すのは、自分を疎外することと同じです。勇気を持って意見を言うことで、あなたはいっそう人の興味を引く存在になり、人との会話も活発になることでしょう。

とにかく何でもやってみなければ、結果は分かりませんよ。

3 ── こっそり人のポケットに物を入れる

さあ、最後の練習です！

前にコインを隠し持つ話をしましたね。それを参考にして、さっそく25セント硬貨を隠し持ってください。今度誰かに出会ったら、ちょっと変なことにチャレンジしていただきます。あなたが持っている硬貨を、相手のポケットに滑り込ませるのです。心配はいりません。何かを盗るんじゃなくて、入れるんですから。ゲームだと思えばいいのです。

目標は、相手に気づかれずに硬貨をポケットに入れること。相手をちょっとお金持ちにするのです。夜になってその人が着替える際に、ポケットの中に余計な硬貨が1枚入っていることに気づくというわけです。何の害もないでしょう？

まず人のポケットにこっそり物を入れる方法を具体的に説明しましょう。誰かと一緒になったら、その人のポケットに注目してください。ポケットが特に広がっている人がいますよね？　そういう人を練習相手にします。

うまい理由を考えて相手に近寄り、体にタッチする機会をつくりましょう。たとえば、友人のシャツのポケットが少し開いていたら、硬貨を持っている側の手を伸ばし、げんこつで彼の胸を軽くたたきます。「やあジョン！　こいつめ、いったいどこに隠れてたんだい？」といった言葉に合わせて、「こいつめ」と言いながら胸をトンとたたき、その瞬間に、スルッと硬貨を相手のポケットに落とします。

私は何百回もこれをやりました。純粋に、大胆になるための練習として、です。一度も失敗したことはないかって？　もちろん、何回かは見つかりました。見とがめられたのは、相手のポケットをつい見つめてしまったときです。相手は怪訝な顔で私を見つめて、こう言いました。「今、何かやっただろ」

このエクササイズをお勧めするのは、自分の安全領域《コンフォートゾーン》の外に出るスリルを経験してほしいからです。この練習で人を怒らせたり傷つけたりすることはありません。そして人のポケットに硬貨を落とすなどという、ばかげたことができるようになったとき、あなたは人を恐れる気持ちが薄らぎ、自信を持って人に話しかけられるようになるでしょう。それに限らず、他のリスクだってとることができるようになっているはずです。

あなたも一度硬貨を人のポケットに落としてみたら、私の言っていることが分かるはずです。

さあ、硬貨をたっぷり持って出かけましょう！

ルール2
成功を信じよ

ショーの間にどんな不都合が生じてもトリックが失敗に終わらないよう、マジシャンは複数のエンディングを用意しています。

小道具を落としてしまう、観客から思わぬ批判が飛ぶなど、**何かまずいことが起きたとき、マジシャンはすみやかに計画を変えます**。気づく人はいません。観客は本来の計画を知らないので、自分たちが目にしたものが唯一のエンディングだと思うのです。

「いろいろなエンディングがある」と考えることで、大きな自信が生まれます。複数のエンディングを用意しておけば、相手がどんな反応をしても大丈夫という余裕ができるのです。私の目標は、どんなことに遭遇しても必ず成功すると信じて取り組むことです(ステージでも、それ以外の場所でも)。そうなるためには、どのようにして望ましい結果につなげるか、ひとつひとつの可能性を前もって考えておくことが大切です。

ときにはみんなが見ている前で、思わぬ事態に陥ることもあります。あなたは、うろたえてしまうでしょうか、それとも謝ってしまいますか？ それはいけません！ 何かがうまくいかないと気づいても、大勢の人間を前にしているときは、決して謝ってはいけないのです。おそらく他の人たちは何かがおかしいとすら思っていないでしょう。

隠していたハンカチが観客に見つかった！ さあどうする？

人前で、自分の失敗に気づいたときは「スポンテーニアス・リソースフルネス（急場の策略）」が肝心です。これはマジシャンのビル・サイモンの造語ですが、あきらめずに大急ぎで解決策をひねり出すという意味です。

プレゼンテーションや面接などの場面で失敗したら、あらゆる力を総動員して解決策を探してください。最初に予定していたエンディングを変更する必要も出てくるかもしれません。でも、そのほうがかえって良かったという場合だってあるんですよ。

私がコロラド州のアスペンでマジックを演じたときのことです。私は青いハンカチを赤いハンカチに変えるトリックをすることにしました。観客には1枚のハンカチだけが使われているように見えますが、実際は2枚目を手のひらに隠しているのです。

ところがなんと……端の席に座った人たちに、そのハンカチが見えてしまった！

マジックの専門用語で「フラッシュ」と言いますが、私は見られてはいけない物を観客に見られてしまったわけです。

ハンカチを隠していると指摘された私は、とっさにやんわりと受け止める作戦に出ました。わざと「フラッシュ」したように見せかけたのです。

「もちろん、ここにはハンカチが2枚あります。2枚ないとトリックができませんからね。でも、2枚だとちょっと大変なんですよ、両方とも……消しちゃうのがね！」

その瞬間、私は2枚のハンカチをさっと消してしまいました。誰もが予定のエンディングだと思ったことでしょう。でも本来の計画とはまったく違うものでした。そして観客の反応はというと、いつものエンディングよりもずっと大きな反響があったのです。

あらゆる展開を予測し、作戦を練る

大事なのは、準備を怠らないということ（ルール5参照）。

たとえばあなたが面接を受ける場合、質問に対する答えをひとつしか用意していなければ、最悪の結果を招きかねません。面接の流れを自分の思いのままにすることはできなくても、面接官に会う前にコア・メッセージ（中心になる意見）をまとめておいて、あらゆる展開を予測し作戦を練っておくことは可能なはずです。**巧妙な質問に立ち往生したら、用意しておいたコア・メッセージのひとつに結びつけるように答えましょう。**そうすれば、うろたえているようには決して見えないはずです。

逆に、絶対やってはいけないのが、動揺のあまり自分の主張を曲げてしまうことです。そうしたが最後、あなたの望む結果を得ることは難しくなるでしょう。

販売部門で働いている人も、お客さんに何かをすすめるたびに、「急場の策略」をめぐらしていることでしょう。

セールスパーソンはご存じでしょう。**お客さんが口にする主な答えは4つだけです。**「イエス」「ノー」「たぶん」そしてカムフラージュ（「誰々に相談しなくちゃ」みたいなもの）です。どの答えにも対応できるよう、十分に準備しておきましょう。たとえ答えがノーでも、それを可能性のひとつとして考えておけば、動揺することもありません。

手帳を活用しよう

私の経験によると、たとえ会議の直前にでも、最も起こりそうな結果をいくつか手帳に書きつけておくと自分の考えを整理することができます。こんな簡単な準備でもかなり役立つのです。

これは、2通りの意味であなたの力になります。ひとつは、**自分が主張したい要点を明確にできること**。もうひとつは、**会議の最中に突然頭が「真っ白」になっても、手帳を見れば記憶が呼び戻せること**です。

そんな単純なことかとお思いでしょうが、この次に頭が真っ白になって何を言っていいか分からなくなったとき、あなたはきっと私に感謝するはずです。手帳に目を落として自分のコア・メッセージを確認すれば、また論戦に復帰することができるのですからね。

ルール3

説明するのではなく、伝えよ

人は誰でも、他人の意見より自分の意見のほうが正しいと思うものです。

あなたが意見を述べたとき、相手はあなたの意見の内容を検討します。検討したうえで、相手はあなたに賛成するかもしれないし、あっさり否定するかもしれません。

でも、はっきり意見を言わずに、それとなく暗示するだけにとどめたら、相手は自分で結論を出すはずです。そのほうが、ずっとうまくいくのです。その人たちは、あなたと自分自身のどちらを信じると思いますか？　もちろん、自分の経験や論理に基づいて、自分で出した結論を信じるに決まっているでしょう。


この結論は自分が出したのだと本人たちが思ってくれたなら、あなたは意見を口にすることなく、相手の頭の中に自分のメッセージを植えつけたことになります。

私のエンターテイナーとしての経験から分かったことですが、それとない暗示を用いれば、直接的な言葉による説明なしに雰囲気を創りあげることができます。

たとえば小説家がよく使う手法ですが、彼らははっきり「ジョンは悲しんでいた」とは書きません。「ジョンは肩を落とし、その目は泣きはらして赤くなっていた」と書くでしょう。この描写によって、作家の意図が読者にしっかりと伝わります。

これこそが、古い格言にある「説明するのではなく、伝えよ」なのです。

服装や態度は、相手に暗示を与えるための身近なツール

観客の前でパフォーマンスをするとき、私は「私という登場人物」を描く作家になります。観客のために、「私」の魅力や可能性を引き出せることは何でもします。

あなたも、あなたという登場人物を描く作家になってください。もしあなたが小説や映画に登場するとしたら、どんな人間として描かれるでしょう。伸び伸びとしたおおらかな人物？　それとも慎重で細かいことにこだわる人物？　襟は開けている？　留めている？　ネクタイはしている？　していない？　シャツの裾はズボンに入れている？

出したまま？　あなたの服装は自分が与えたいイメージに合っていますか？　自分が演じたい人物に**どんな選択をするにせよ、大事なことは一貫性を守ることです**。自分が演じたい人物にふさわしい服装をするように、常に心がけてください。

私は正装の燕尾服《えんびふく》を着てショーに出ます。高級時計に、光沢のある絹のネクタイ、そして金鎖のついた眼鏡を身につけます。ステージのイメージを損なわないように、仕事以外でも質の良い服を着るようにしています。

自分がひとりの登場人物を演じていることを忘れないでください。どんな人間かをはっきりと定め、それを演じきるのです。自分を輝かせてください。

まず、**自分がどんなタイプの人間に見られたいかを決めて、それからその役にふさわしい衣装を身につけてください**。仕事でも、私生活でもです。

状況によっては、この決心をしたせいで、それまでの自分を消さなければならない場合もあります。ビジネスパーソンは、昇格したときによくこの決定を迫られます。役員室を与えられた後も、それまでと同じように振る舞い、かつて机を並べていた同僚たちと同じように付き合い続けるべきだろうか、と。残念ながら、ほとんどの場合、その答えはノーなのです。

新しい衣装と態度によって、あなたは周囲の人に新たな暗示をかけ、それが古い自分を切り離す結果になるのです。最初のうちは、新しい自分にぎこちなさや、わざとらしさを感じるかもしれません。でも、そうした感覚にはすぐに慣れてしまいます。

さあ、新しい自分になりきって、それにふさわしい服装や態度を選びましょう。

ルール4

練習、練習、練習！

マジックを学ぶ者が最初に教えられる教訓のひとつに、**「難しいことを易しく見せる（もしくは完全に隠す）べし」**というものがあります。それには練習しかありません。最初は不可能と思えたことも、練習すれば、やがて当たり前にできるようになります。

私が14歳のときから毎朝欠かさずに練習しているテクニックがあります。カードマジックの中でも最も難しい技とされている「クラシックパス」です。

このテクニックは下手な人がやると部屋の反対側からでも見えてしまいますが、熟練マジシャンがやれば、観客は何かが行われたということすら分からないのです。パスをする前も、している間も、終わった後も、カードの束はまったく変わらずに見えます。指先の筋肉にも緊張はありません。何の「気配」もない。本当に見えないのです。

「誰にも見えない」というゴールをめざして、私は長い年月を費やして練習を重ねました。指の動きを完璧にするとともに、上腕やあご、目さえもリラックスさせることを学びました。

このテクニックを習いはじめたころ、私がパスの瞬間に瞬きしているとマジシャン仲間が教えてくれました。その練習場面をビデオに撮り、そして仲間の言ったことを確認しました。私は練習を通して、この困った癖を直したのです。

人はあなたの最高のプレーを見たがっている

人が難しいことを難しそうに演じるところなど、誰も見たくありません。相手の苦労が見えてしまうと、そのパフォーマンスの魅力も半減し、信頼感も生まれません。私たち人間は、傑作を観賞し、腕を振るった達人たちを称賛します。

テレビは、たとえばマイケル・ジョーダンの素晴らしいシュート場面はすぐにリプレイしますが、失敗した場面は再生しません。**あなたが人に最高のプレーを期待するのと同様に、人もあなたの最高のプレーを見たがっているのです。**

セールスパーソンは、難しいことを平易に見せる達人です。あなたが営業職なら、プレゼンテーションを行い、反対意見を押さえ込んで、頭をはたらかせながら、常に前向きの姿勢を保たねばなりません。あなたと話しているあいだ、お客さんにトークマニュアルの存在を意識させてしまっては、取引は成功しません。あなたは難しい理論をすべて飲み込んだうえで、それをごく自然な話し言葉で説明しなければならないのです。どうしたらそんなことができるのでしょう？　その答えは、きちんと段階を[illegible]練習にあります。

「練習」という言葉にうんざりしましたか？　子どものとき、運動や楽器の練習を無理強いされた嫌な思い出があるかもしれません。大丈夫、あなただけではありません。

ただ率直に言いますが、**物事に卓越するのに近道はないのです。** しかし幸運なことに、いくつかの創造的で楽しい戦略に従うことで、練習時間を減らすことはできます。そうすれば、より早くより効果的にその課題を習得できるのです。

歴史上で最も傑出したマジシャンのひとりであるダイ・ヴァーノンは、**練習は楽しくなければ意味がない**と明言しました。練習を大いに楽しむようでなければ、結局は挫折してしまうのだと。

ですから、練習を楽しいものにしましょう。そうすれば、大いに成果が上がります。

エクササイズ2 —— パートに分けて練習しよう

ボディビルダーは筋肉を各部位に分けてトレーニングしますが、同じように、あなたも学びたい技術を分割できます。

私は次のような練習法で新しいトリックを自分のものにしています。

1 —— 無言で行う

まず、まったく無言でそのトリックを行います。道具を手に持ち動作のすべてをやり終えるまで、ひとことも口をききません。パフォーマンスの中のフィジカル面にだけ集中するのです。

2 —— 動かずに行う

次に道具をすべて片づけて、トリックの最中に話すセリフを実際に声に出します。両手は脇に垂らしたままで動かしません。この第2段階です。パフォーマンスの中の言葉による表現に集中します。

3 ── 暗闇で行う

第3段階では、トリックのすべての要素――道具、動き、言葉――を一緒に行います。ただし、目をつぶったままで。何も見えないので、「筋肉の記憶」だけが頼りです。こうすることで、道具がどこに置いてあるのか、どのくらい手を伸ばせば届くのかといった位置関係を記憶します。

4 ── 人前で行う（ピープル・プラクティス）

私が最も大切にしている練習です。外に出て、人前でパフォーマンスを行います。静かな室内でどんなにうまく指を動かしたり、セリフを言ったりしても、生きて呼吸している人間の前で同じことをすると、まったく様子が違ってきます。

ショービジネスの世界では、ほとんどのエンターテイナーが小さなクラブや教会、公民館といった場所を見つけ、「失敗」したり新しい道具を試したりしています。あなたにも「失敗」できる場所が必要です。そこでなら、売り込みの口上、何かの原稿、面接時の受け答えのセリフといったことを人前で試すことができますからね。

誰もが真っ先に考えるのは、配偶者やパートナーの前で試すことだと思います。でも私は、**そう親しくない人たちの前であえて練習してみることをお勧めします。**適当な緊張感が生まれますからね。

たとえば近所の人や店員さん、あるいは郵便配達員みたいな人たちはどうでしょう？　もしセリフをとちったとしても、あなたには失うものはありません。彼らがあなたをクビにしたりするわけではないのです。

あなたに必要なのは、何といっても生身の人間です。パフォーマンスをすべてやり終えた後で、彼らから感想を聞かせてもらえば、それはあなたにとって実に貴重な資料になるはずです。

ルール5
万全の準備こそ最大の武器

就職試験の面接官やデートの相手、プレゼンテーションの相手であるクライアントなど、あなたの生活の中には、良い印象を与えたいと思う人間が必ずいるはず。そのために、あなたはどんな努力を払いますか？

トップクラスのマジシャンは、人の注目を集めるためならどんなことでもやります。あなたも人の心を引きつけたいのなら、必要なことは何でもするべきです。

事前準備はマジシャンの必須道具のひとつです。マジシャンのマイケル・ウェーバーは言っています。我々は、観客がまだゲームが始まったことに気づかないくらい早いうちに先手を打っておかなければならない、と。要は、常に先を読まなければいけない。

本当に先を読めば、自分でそのゲームのルールを定め、他の人を従わせられるのです。

人は、あなたがそこまで苦労して先を読んでいるとは考えないでしょう。でも、たとえばサービス業に従事している人だったら、数歩先を行くことで相手に素晴らしいインパクトを与えることができます。

相手の情報をできるだけ多く集めておこう

準備とは、つまりはあなたの観客を知ること。パーティーなどのイベントに招かれたとき、私はすぐに主催者名をグーグルで検索します。その人物の属する団体や政党、どんな発言をしているか、メディアでどう紹介されているかなどをチェックします。

検索を続けているうちに、その相手の顔が画面に現れることもあります。相手の顔が分かると、イベントのイメージがぐっと具体的に浮かんできます。

新しいクライアントに関する情報を多く集めることで、実際に顔を合わせる頃には、すっかり昔なじみに会いに行く気分です。すでに知っている相手と話すのは、ずっと気が楽ですよね。まったくのゼロから人間関係を築くわけではありませんから。

面接や会議で差をつけるポイント

この「お近づきになる」技術は、就職試験の際に特に役立ちます。

あなたが面接を受ける会社について本当に理解するために、あらゆる努力をしましょう。その会社の従業員に話しかけるのも手です。事前の準備に全力を尽くしてください。準備があれば、自信を持って会社の正面玄関を通ることができます。

会議や懇親会などへの参加に不安を感じるのは、その会場に一度も行ったことがないせいでもあります。111ページの「アウェイをホームに変える3ステップ」でお話ししますが、プロのマジシャンの準備には、会場に「早く着く」ことも入っています。とにかく「その場を自分のステージ」にし、自信を高める方法を身につけましょう。

たいていの人は、相手が必要最低限の準備しかしないと考えています。だから、ずっとたくさんの準備をして相手を驚かせましょう。**あらゆる情報を調べ尽くしてから話し合いに参加すれば、他の出席者を感嘆させることができます。**

きっとみんなは興奮して、あなたともっと話したいと思うはずです。誰もあなたを無視することはできません。あなたは相手のことをすでに知り尽くしているも同然ですし、それに、あなたもご存じのように、誰にとっても、自分についての話題ほど興味をそそるものはありませんからね。さあ、ノストラダムスのように先を読みましょう。

マジックに挑戦！ 砂糖はどこに消えた？

ここで、自分ひとりでできるマジックをご紹介しましょう。ここには本章で紹介した5つの法則《ルール》がすべて組み込まれています。とても簡単ですが、見る人はびっくり仰天！
これは、マジシャンのブラッド・スタインのトリックを基にしたものです。

どんなマジック？

レストランのテーブルで向かい合っているとき、あなたはシュガーパックを開けて、中身を全部（軽く握った）手のひらの中に落とします。でも、あなたが手を広げると、不思議なことに砂糖はまったくありません。消えてしまったのです！

準備

このマジックには下準備がいります。本当は、シュガーパックは最初から空っぽなのです。あなた以外は誰もこのことを知りません。

❶まず、タイミングをうまく見計らい、シュガーパックを卓上の砂糖入れからスチー

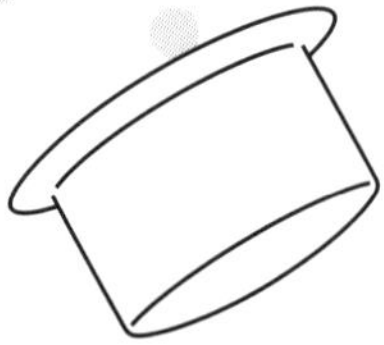

ル（マジックの専門用語で「誰にも気づかれずに密かに持ち去る」こと）してください。

同席している人たちの気をそらすといいでしょう。たとえば、「隣のテーブルの人たちは何を食べているのかな」と言ってみます。みんながそちらを向いた瞬間に、さっと手を動かしてシュガーパックをくすねるのです。

運のいいことに、たまたまウエイターがトレーをひっくり返したり、同席者の携帯電話が鳴ることもあるかもしれません。そういうチャンスをうまく使ってもいいでしょう。あなたがこっそり何かをしたなんて誰も気づきませんよ。

❷テーブルの陰にシュガーパックを隠しながら、袋の端にフォークの先で小さな穴を開けます。このとき、フォークを突き刺すのは袋の両側ではなく片側だけにすること。砂糖が散らばらないように、穴を開ける前によく振って片側に寄せておきましょう。

次に、袋の端がぱっくり開くように破れ目を少しずつ広げていきます。裂け目は一直線ではなく、ギザギザになるようにします。あとでこれが役立つのです。

❸砂糖はほんの少し袋に残して、あとは全部捨ててください。膝にペーパーナプキンをかけておいて、その上に落とすと便利です。そのナプキンで砂糖を包み、丸めてポケッ

トに押し込めばおしまいです。これで、後から誰かに発見される心配もなくなりました。
あせってはいけません。同席している人たちは誰一人として、食事の後でトリックを見せてやろうというあなたの計画に気づいていません。この準備を早めに済ましてしまえば、あなたの態度に不自然さは残らないはずです。

❹もう一度タイミングを見計らい、空のシュガーパックを元の砂糖入れにロード（マジックの専門用語で「誰にも気づかれずに何かを仕込む」こと）します。これで準備完了。

食事が終わり、みんなで一服している場面。さあ、取りかかりましょう！

本番

❶先ほど準備したシュガーパックを砂糖入れから取ります。普通に袋を破るような感じで端を少し破り、先ほどつけた裂け目をなぞるようにして開けていきます。あなたは袋の片側だけを破いているのですが、他の人には普通に破いているように見えるはずです。先につけた裂け目がギザギザだったので、もう一方の側を破いてしまえば普通に袋を開けたようにしか見えません。切り取った部分は捨ててしまいましょう。

❷指で袋の口を広げます。その後すぐに手のひらに砂糖をこぼすふりをするのですが、袋があまりに薄っぺらだと本当らしく見えません。砂糖を「こぼす」ことができるように、少し膨らませながら開けましょう。

❸次に、左手をこぶしに丸めてください。右手で袋を持って、左手のほうに傾けます。いかにもこぶしの中に砂糖を落とす感じで、袋が逆さになるまで傾けてください。ここでは少々演技力が必要です。本当に砂糖を手のひらに落とす感じをイメージして、それ

を手つきと顔の表情で演じてください。

下準備の段階で、袋の中に少しだけ砂糖を残すことを忘れなかったら、砂糖の粒がぱらぱらと手のひらに落ちることでしょう。それで、砂糖を本当に手のひらに落としたという印象は確実になります。その砂糖粒は気にしないことにして、（何も入っていない）こぶしをテーブルの上に掲げましょう。空のシュガーパックは捨ててください。

❹さあ、いよいよ仲間をびっくりさせる番です。まず、自分のこぶしをじっと見つめてください。みんなは、何が始まるのかと不思議に思うでしょう。そこで、手をぱっと開くのです。同席している人たちは、きっとあっけにとられるはず——砂糖がすっかり消えてしまったのですから！

動きの技術は、それほど難しくありません。だから、演技に全神経を集中してください。どのマジックでもそうなのですが、どんなセリフをつけるかで、観客に与える印象が決まります。同じトリックでも、味つけ次第でユーモラスなギャグにも、不可解なミステリーにもなるのです。私はミステリー仕立てにするのが好きですけどね。では、私がこのトリックをするときに使っているセリフを書きましょう。

「1000個もの物体を1度に消し去ることができると思うかい？　まだ1回も試したことがないんだけど。ちょっとやってみようか？」

（準備しておいたシュガーパックを砂糖入れから取り出す）

「今からこの砂糖を手の中に落とすよ」

（パックを傾け、声に出して数えはじめる）

「これで600粒だ……700粒……さあ、1000粒だぞ」

（少しでも砂糖が落ちたときに相手によく見えるよう、濃い色のナプキンを用意しておき、その上にこぶしを掲げる）

「さあ、いいかい？　僕が手をぎゅっと握ったらどうなるか、見ていてくれよ。よし、消え始めたぞ！　ほら、全部消えちゃったよ！」

解説編

さて、マジックの5つの法則《ルール》はどのように使われていたでしょうか。あなたはすべて見つけることができましたか？　ここで確認してみましょう。

1 ― 大胆に行動せよ

トリックの前に、あなたは2つのリスクをおかしています。①誰にも見られずにシュガーパックを取ったこと、②砂糖をすべて取り出した後、空の袋を砂糖入れに戻したことです。

不安な人は、着席後早めにトイレに行きましょう。そして道すがら、他のテーブルのシュガーパックをひとつ拝借するのです。個室で砂糖をトイレに流して、袋の下準備を完了します。テーブルではまだ②の作業が残っています。それだけでも十分に大胆な仕事です。

2 — 成功を信じよ

あなたが自信を持ってトリックを始めたので、他の人たちはあなたを信頼しました。この人はちゃんと仕事をやり遂げる人間だと思えば、相手はとりあえず信頼を寄せてくれます。そして自ら提案した仕事を実際に成し遂げたとき、初めて本当の信頼を勝ちとれるのです。

3 — 説明するのではなく、伝えよ

あなたはシュガーパックに砂糖が入っていることを暗示しました。「みなさん、この袋の中には砂糖が入っています」なんて言いませんでしたね。それを言ってはいけません。パックが砂糖入れにあったということが、中身が入っていることの暗示になるのです。

4 — 練習、練習、練習！

このトリックはシンプルですが、簡単なわけではありません。生身の人間の前で演じようと思ったら、やはり練習が必要です。練習の段階で、一度本当に砂糖を手のひらに

落としてみるといいでしょう。そうすれば、どんなふうに演じればよいか分かります。

5 ― 万全の準備こそ最大の武器

誰にも気づかれないうちに、あなたはトリックの準備をしました。それが肝心なのです。常に観客の数歩先を行くよう心がけ、観客が後を追ってくるように仕向けることです。

MAGIC 2

最高の自分をもって場にのぞむ

コミュニケーションスキル

期待に応えることが信頼をつくる

大の大人が子どものように目を丸くするのを見るのは、本当にワクワクするものです。私はショーのたびにそれを経験しています。私がマジックを演じている間、いい年をした男性たちも、一人前の女性たちも、ステージを見つめる目は皆きらきら輝いています。まるで永遠に覚めたくないファンタジーに浸っているかのように。

子どものころ、私たちは超自然的なものを信じていました。スーパーヒーローや妖精、サンタクロース……。そしてマジックのことも、本当の魔法だと思っていたのです。

私が東京のパークハイアットでマジックを演じたときのこと、観客の中に4歳の男の子がいました。私は赤いゴムボールを消してみせ、両手に何もないことを示した後で、その男の子の左耳の後ろからボールを取り出すというトリックをしました。その子は「もう1回やって！」と言いました。同じトリックを繰り返さないのがマジシャンの鉄則ですが、私はもう1回演じることにしました。

　すると、再びボールが消えたとたん、男の子は自分の左耳に手を伸ばしてボールを引っ張り出そうとしたのです。その瞬間、その子が本当に魔法を信じているのだと分かりました。**彼は、今まさに魔法が起きたと思ったのです。**だからボールが消えたとき、それは人間の耳の中に現れるはずだと考えたのでしょう。

あなたはどんな期待をされているのか

誰かと知り合いになったとき、人は素晴らしい人に出会ったと思い、期待感を持つものです。私がステージに上がったとき、観客はこの人なら本当の魔法を見せてくれそうだと期待します。

　同様に、あなたを新たに雇った会社は、あなたが面接試験のときに見込んだとおりの人物であることを期待します。あなたが何かの契約をとったとき、その新しい顧客は、取引先となったあなたやあなたの会社に大きな期待を寄せるでしょう。

　あなたはその期待に応えなくてはいけません。

信頼関係をつくりだす方法①

まず自分を信じる

本当の魔法を見たいという観客の期待に応えるために、マジシャンは**「マジックモーメント」**というテクニックを使います。これはマジックの法則3「説明するのではなく、伝えよ」に基づいたものです。

魔法の杖を振ったり、指をぴくぴく動かしたりする簡単なジェスチャーによって、私たちは「マジックモーメント」をつくりだします。そして、わざと一呼吸おいて観客の期待を高めた後、魔法の杖や指が引き起こす魔法を現出させるのです。

ステージにいるとき、私のペルソナ（私がステージで演じている人物）は、自分には本当の魔力があると確信しています。パフォーマンスの間、私は無言でそう自分に語り続けることで、自分は本物だという自信を得ています。だから、指をぴくぴく動かすときは、指先からエネルギーが放射されているのを実感できるのです。

もちろん、私はファンタジーの世界に住んでいるわけではありません。役者として、ステージの上で魔法使いの役を演じているだけです。だからこそ、そこで観客に本物の魔法使いだと信じてもらうためには、まず自分で自分を信じなければいけません。

同様に、**人に信じてもらうには、まず自分で自分を信じること。**信念があってこそ、観客に自分をアピールできるのです。あなたが会う人は誰でも、あなたを観察し、実力を評価し、期待を寄せるという意味で、観客の立場にいます。自分たちの期待に応えるだけの能力があなたにあると確信すれば、彼らは信頼を寄せてくれます。

どうか、自分をひたすら信じると今すぐ決心してください。あなたはかけがえのない存在です。あなた以上にあなたらしい人間はいません。自分には能力があると信じてください。自分は愛されるべき人間であると信じてください。自分は熟練した専門家であり、とびきりのプレゼンターであると信じてください。自分が最高だと信じるのです。

行き過ぎた前向き思考だと思われるかもしれませんが、しかし私の経験によると、自分の能力に対する確信をはっきり示す瞬間があってこそ、人はあなたを認めてくれるのです。確信は伝染するんですよ。

自分の仕事に誇りを持つ

ここで3人のレンガ積み職人の話をご紹介します。ある人が彼らに「何をしているんですか?」と尋ねました。1人目の職人は「レンガを積んでいるんだ」、2人目は「時給10ドルを稼いでいるのさ」と、それぞれ答えました。でも、3人目の職人はこう答えたのです。**「私ですか? 世界一立派な教会を建てているんですよ」**

私は3人目の職人の考え方が好きです。人には低級な職業として軽んじられるかもしれませんが、彼は自分の仕事の重要性を知っています。

正直なところ、「マジシャン」だって人から尊敬される職業とは見なされていません。私はかつてパスポート申請用紙の職業欄にマジシャンと書いて係官に笑われたことがあります。マジックを本職にしている人がいるなんて、信じられないのでしょう。

もちろん、私はそうは思いません。私にとって「マジシャン」は世界一重要な職業です。同様に、あなたがどんな職業についているにせよ、あなたの仕事は重要です。

どうか毎日心の中でこう唱えてください。「私は重要な人間だ。私は一流の仕事をしている。私は誇りを持って働いている」と。「ただの主婦だから」「イチ店員にすぎない」などと考えてはいけません。あなたは「ただの」何かなどではないのです。

自分自身を信じれば、毅然《きぜん》とした態度がとれるようになります。人はあなたの態度を観察して、あなたが自分に自信を持ち、仕事に誇りを感じていることを理解するのです。**あなた自身が自分の仕事を大切にすれば、それを見て、あなたの上司やクライアント、子どもたちも、あなたの仕事を大切に考えるようになるでしょう。**あなたが自分はもっとできるはずだと考えれば、周囲の期待も同じように高まります。

私のショーを見に来た人の多くは、最初はマジックなんてばかげたものと考えています。でも私が真剣に取り組んでいることを理解すると、観客もそれに倣ってくれます。誰も私を野次ったりしません。私が、争いよりも互いの尊重に根ざした雰囲気づくりをしていることを、ちゃんと感じとってくれるからです。

レンガ積み職人が自分の仕事に大きな価値を見いだしたように、いま職場でどんな地位にあろうと、あなたの仕事に誇りを持ってください。自分は人が指導を仰いでくるリーダーの地位にいるのだと考えましょう。心の中で自分自身を昇格してあげるのです。

信頼関係をつくりだす方法②

重要人物のように振る舞う

あなたにとって重要人物と思える人のことを思い浮かべてください。上司や配偶者でも、有名人や政治家でもかまいません。

次に、あなた自身も同様に重要な人間なのだと考えてください。すると、イメージを損なわないように、重要人物らしく胸を張らなければなりません。決して尊大になれという意味ではありません。自分は人から称賛される人物だという自覚を持つのです。

ステージに上がるとき、私はすでに観客全員の称賛の的なのだと考えることにしています。だから、こちらから彼らの気を引こうとはしません。

その場の誰もが自分の敵だと考えたら、それだけ気を張らなければなりません。それより、みんながあなたのことを重要人物だと考えていると思ってください。あなたが入っていくと誰もが注目する、それは、あなたがセレブリティだからと考えるのです。

そう、自分をセレブだと思うのです。「セレブリティ」とは、いつもスキャンダルで世を騒がせている人物のことではなく、私たちが称賛するような何かを備えている人たちのことです。私たちが彼らを称賛するのは、運動選手としての能力や芸術的才能、演技力、金儲けの能力、美ぼう、政界やビジネスにおける権力を備えているからです。

私はエンターテイナーとして多くのセレブとお付き合いしてきましたが、そこで気づいたのは、私たち自身の中にも、彼らと同じように称賛されるべき特質があるということです。あなたより有名だからといって、彼らのほうが優れているとは限りません。要するに、あなたはまだ可能性を十分に発揮していないだけなのです。


誰かと話すときにはいつも、こう考えてください。**「重要人物はこういうふうに話すだろうか？」**。外出着に着替えるときは**「重要人物はこういう格好をするだろうか？」**、腹が立ったら、**「成功した人間がこんなことで口論するだろうか？」**と自問しましょう。

そのうちに自分の行動が自然と理想のレベルに達していることに気づくはずです。あなたが自分を尊重すれば、他の人たちはそれを感じとります。そして、その人たちもあなたを尊重してくれるようになるでしょう。

信頼関係をつくりだす方法③

的確な動きを身につける

体を動かすときには、無駄のない的確な身のこなしを心がけましょう。そうすれば、「この人なら何もかもちゃんと心得ている」という印象を与えることができます。自分にいつも観客の視線が注がれていることを忘れないでください。しくじったり、とちったりすれば、信用を失ってしまいます。

私はある陸軍士官学校のバスケットボールコーチのことを思い出します。彼は100%確実にジャンプシュートを決めることができました。絶対に失敗しません。まるでロボットのように動くのです。シュートのフォームは完璧で、何度やっても寸分も変わりません。当然ながら、彼はその陸軍チームでとても尊敬されていました。

役者たちは、このような正確さを「自分の的に当てる」と表現します。舞台に立ってセリフを言うとき、彼らは毎晩まったく同じ場所に立たなければなりません。自分の的（もしくは、舞台上の位置）からほんの5センチずれただけで、前もってセットされているライトの光がちゃんと当たらなくなります。毎回必ず正確に動かないと、ステージの暗がりに立つことになってしまうのです。

あなたが気づいても気づかなくても、人は常にあなたを見ています。その人たちから尊敬に値する人間だと思われるためには、自信に満ちた動きを印象づけることです。

私は日本に住んでいたときに、茶道の先生からあるルールを教わり、どうすれば的確に動けるようになるかを理解しました。そのルールとは、**動きだす前にひとつひとつの動きを考えておく**ということです。実にシンプルでしょう？「動く前に考える」です。

日本の高校では、運動部や演劇グループに入るのと同じように、茶道クラブに入る生徒がたくさんいます。茶道では、箸の上げ下ろしから袱紗《ふくさ》のたたみ方まで、どの動作も、毎回必ず同じやり方で行われます。生徒たちはそこで、物を「持ち上げ、手に持ち、置く」ための正式なやり方を学びます。

茶道の先生はこれらの動作を、何の滞りもなく流れるように行います。数えきれないほどの繰り返しによって、すべての手順を把握しているからです。だから、まったく自然に動くことができるのです。

「動く前に考える」。このルールを覚えてください。私はこれをマジックに応用していますが、あなたの生活にもきっと役立つはずです。小指を1本立てるときでも、その動作の始め方、実行の仕方、終わり方を先に考えるのです。すべてを考えたうえで動きははじめなければいけません。

エクササイズ3 ― 動く前に考える練習をしよう

私のお茶の先生が教えてくれた練習方法をご紹介します。

1 ― 動いてから考える

机の右側にペンが置いてある。右手でペンをとり、そのまま右手を左に移動させて、ペンを机の左側に置く。置く場所はどこでも構わない。何しろ机の左側に置けばよいこととする。

2 ── 考えてから動く

1と同じ動作をする。ただし今回は、机のどの位置にペンを置くかを、動く前に決めておく。どこに置くかを決めないうちは決して動かないこと。ペンをとったら、まっすぐに決めた場所に持っていくようにする。

何かの違いが感じとれましたか？

1では、手を動かしながら、置く場所を決めなければなりませんでした。「このペンをどこに置こうか？　あっちか、いや、ここがいいかな？」と。決めるのに時間がかかるわけではありませんが、考える必要があるのは確かです。2では、スタートとゴールの位置が分かっていたので、効率よく動けましたね。

常に断固とした行動がとれるようになりましょう。2のように、動く前に考えるのです。署名をする同僚にペンを渡すときも、顧客に見せるために販売カタログをめくるときも、的確な行動を心がけてください。心の中で、体が空を切るのを「感じて」ください。その動きをしっかり頭に思い描き、それから動くのです。

信頼関係をつくりだす方法④

断固とした口調で話す

私の友人に、とても説得力のある話し方をするマジシャンがいます。答えがまったく分からないときでさえ、「その問題の答えが分からないことは確かです」と答えるのです。それを聞いた人たちは、この人ならちゃんとやってくれると感じます。彼が確かなのは、答えが分からない（！）ことなのに、言い方がきっぱりしているので、とてもよく分かっているように聞こえるのです。

どんな場合でも、できるだけ断固とした口調で話すように心がけてください。ときには、はったりを利かせる必要もあるでしょう。嘘をつくことはありません。でも、自分への信頼をより確実にするためには、危険をおかす必要もあるのです。

はったりを利かせるときは、相手としっかり目を合わせ、自信を持ってゆっくりと話すことです。胃のあたりが落ち着かない感じがするかもしれません。危険をおかすときにはそうなるのが自然です。皆に注目されているんですから。ギャンブラーが実際より良いカードを持っているふりをするとき、そんな感じになるそうです。

何をするときも、自分の不安を外に出してはなりません。落ち着いて、断固とした言い方をしてこそ、はったりが最高に利くのです。

エクササイズ 4 ―― はったり戦略を使って価格交渉してみよう

今度、取引先やお客さんにサービスや商品の値段を言うときに、自分が妥当だと思う以上の金額を提示してみましょう。

高い料金を支払ってもらうには、それが当然の料金であるかのように振る舞うことです。確信ある口調で自信たっぷりに話さなければ、相手を納得させられません。内心のドキドキが伝わってしまえば、提示した金額が通る可能性は無くなります。

これをやり遂げれば、その値段があなたの標準料金になります。一度高い料金を確立すれば、新しい取引先の契約交渉にも自信を持ってのぞめるようになりますよ。

信頼関係をつくりだす方法⑤

3回くり返す

ステージに上がったとたんに観客全員の好感を得られたら本当にいいですよね。でもどんなに優れたエンターテイナーでも、観客の信頼を勝ちとるには時間が必要です。コメディアンはまず何回か笑いをとった後でなければ、観客をどっと沸かせることはできないと知っています。同じように、あなたがいくら確信を持って行動しても、最初のうちは気づいてもらえないかもしれません。でも、いつも同じ姿勢で接していくうちに、本当に確かな人間であることを分かってもらえるのです。

私のショーでは、トリックを3回演じてようやく観客の顔から疑わしげな表情が消えます。1回目は皆よそよそしい顔をしています。2回目になると態度が和らぎはじめます。3回目が終わった後で、彼らはやっとこう考えるのです。「こいつは悪くないぞ」。ここではじめて私は観客の心を開き、マジックの世界に引き込むことができるのです。

あなたの生活では、会議でも、昼食会でも、ゴルフでも、同じ顔ぶれが長時間同じ場所に居続けることはなかなかありません。そのため、すぐに好意を獲得しなければと、ついあせってしまう傾向があります。一度しか話すチャンスのない相手があなたに関心を示さずに、別の人のところに行ってしまったら……と思ってしまうわけです。

しかし、そう簡単にあきらめないことです。拒絶を恐れることはありません。**誰かに拒絶されるたびに、あなたは少しずつその人に近づいているのです。**

マジックでも観客の心を開くまでには3つのトリックが必要なのです。もしひとつか2つでやめてしまったら、私もやはりがっかりすることでしょう。「どうして観客の心をつかめなかったんだろう？　すごいトリックだったのに！　何が悪かったんだろう？」と嘆くに違いありません。でも、何年もパフォーマンスを続けているうちに、信頼されるには時間がかかるということに、ようやく気づくことができました。

たったひとつのトリックやジョーク、文章で、すぐに人の心がつかめるなんて考えるのは愚かなことです。あなたは自分が信頼できる人間だということを証明しなくてはなりません。観客の心の中にある垣根を越える必要があるのです。

3回目のトリックの後で、私はやっと観客に受け入れられたと感じます。もしその3回目をやる前にやめてしまったとしても、彼らを少しは楽しませたことになるでしょう。でも、翌日の井戸端会議で私が話題にのぼることはないと思います。

相手の信頼を勝ちとるための耳寄りな方法をお教えします。**それぞれの相手とどれだけやりとりの機会を持ったか、その回数を数えるのです。**いつもノートを携帯して、その人と何回会ったか、何回電話で話したか、何回メールを交換したかを記録します。

ある人との関係が計画どおりに進展しないと思ったときは、もう少し時間をかけてください。あなたはまだトリックを1、2回しただけなのかもしれません。そこであきらめないでください。

セールスレターを1度や2度送っただけであきらめてしまう人が実に多いのは、本当に驚きです。1、2回の電話であきらめる人たちもいます。2度目の電話をした後でも、あなたはまだ「よく知らない人」なのです。ほとんどの人は、同じ広告を3回以上目にした後で、やっとその広告を見たという記憶ができるのだそうです。

魔法が起きるのは、3回目か4回目に電話をしたときです。もしくは3回目か4回目の会議のときかもしれません。人に頼みごとをするなら、少なくとも3回は頼んでみることです。3回頼むまでは、あなたは相手の心のレーダーに捕捉されないのです。

このように考え方を変えると、拒絶を受け止めやすくなります。

私のショーにたとえるなら、1回目のトリックの後、観客の何人かはまだ疑わしげに私を見ています。たぶんマジックなんてインチキだと思っているのでしょう——子どもが見るものであって、大人の鑑賞に堪えるものではないと。

でも、私は自信を失いません。心の中で、1回目のトリックの横にチェックを入れるだけです。そして「トリックはあと2回残っている」と自分に言い聞かせます。私は張り切って2回目のトリックへと進み、「まだ手ごたえがないな。あきらめずに続けよう」と、再び自分に言い聞かせます。この〝抵抗の第2段階〟は、もう少しで観客の心の垣根に手が届くと考えることで切り抜けます。そして3回目のトリックを終えたとき、私はようやく彼らの表情が変化したことを感じます。

拒絶とは、恐れるものではなく、喜んで受け入れるものです。誰かに拒絶されたら、そのたびに自分のノートにチェックを入れましょう。あなたは、その人との人間関係を築くというゴールに、また一歩近づいたのです。このように考え方を少し変えるだけで、拒絶の受け止め方が大きく違ってくるのです。

信頼関係をつくりだす方法⑥

自分を過信しない

この章のテクニックを利用すれば、きっとあなたは自信を持てるようになるはずです。その結果、人から信頼されるようになり、信用もますます高まっていきます。しかし、そこには危険な落とし穴が待っています。それは、自分を過信することです。

自分の評判を信用しはじめたときから、あなたは自分の価値観を他人の手に委ねることになります。ブロードウェイの俳優は、自分のことを書いた評論を読まないようにアドバイスされるそうです。他人の評価に左右されていては、自分の人生や精神まで他人に預けることになりかねません。知識豊富な外部の意見に耳を傾けることは大切ですが、そういう情報をシャットアウトするバルブを心の中に設置することも大切なのです。

心の中にそういうバルブを設置するにはどのようにしたらよいでしょう？　簡単です。**誰かに褒められたら、少し身を引いて客観的になることです。**そんなに急に上達するわけはないのだと。誰かに「最高だ」と言われるたびに、最高と言われるほどのことを実際にしているかどうか自問してください。もちろん、答えはノーですよね。

改良すべき点は常にあります。褒められるのは気持ちのいいことですが、その褒め言葉を、自分が前進するための糧とすることです。

現在の成功にあぐらをかいてはいけません。バルブを「自分」に合わせれば、中途半端な満足感におぼれることはないはずです。あなたが評判に浮かれて自分を見失わないのを知って、人はいっそうあなたを尊重するようになるでしょう。

あくまで相手に焦点を当てる

ハワイでショーを行ったときのことです。舞台を終えた私は、前日のショーを見たという男性に会いました。10分ほど話をするあいだ、彼は私を世界一のマジシャンだと言い続けてくれましたが、そのたびに私は話をそらし、逆に、その男性自身のことやご家族について質問しました。

話が終わる頃、彼は言いました。「こんなに親しみやすい方とは思いませんでした」と。私はそれを聞き、ごく普通に振る舞うほうが逆に敬意を持たれることに気づきました。

人はあなたの素顔に触れたいのです。そういう人たちに、あなたの現実の姿を見せてください。そして、**相手に関心を持ち、会話の焦点をあなたではなく相手に当てるのです。**そうすれば、その会話はきっと楽しい思い出として相手の心に残るはずです。

成功すればするほど、あなたは有名になっていきます。人に注目されることも増え、多くの人が話しかけてくるでしょう。皆が称賛してくれるようになるかもしれません。そのときは、それに慣れてください。みんなが褒めたたえずにいられないほど人を強く感動させられるなんて、素晴らしいことです。自分はセレブだと考えましょう。**ただし、尊大なセレブになってはいけません。**自分を賛美してくれる人々の側に身を置いてみること。それを、習慣にしてください。

たとえ一瞬でも、大げさな褒め言葉を真に受けてはいけません。うぬぼれは自滅の道への第一歩です。誠実であるように心がけましょう。有名人なのに普通に話ができる人だとみんなに感じてもらえたら、あなたの好感度はいっそうアップするはずです。

あなたがこれまでに会った有名人のことを思い出してください。あなたのことを単なるファンのひとりとして接した人と、あなたをひとりの人間として接してくれた人とでは、どちらが輝いて見えましたか？

信頼関係をつくりだす方法⑦

褒め言葉を返す

マジシャンは実によく褒め言葉を頂戴します。トリックの出来栄えが良かったときなど、観客はすぐに好意的な反応を示してくれます。彼らはすっかり興奮して、その興奮を称賛することで私に伝えてくれるのです。

このような褒め言葉が続いたときの簡単な対処法があります。この方法をとれば、褒めてくださる方たちに、あなたとの会話をいっそう楽しく感じてもらうことができます。

さあ、あなたにもお教えしましょう。

1 ―― ありがとうを言う

ありがとうを言うことに慣れましょう。これこそ、褒めてくれる人が聞きたい言葉なのです。褒められたのにただ黙っていたら、気取っていると思われます。「どうも」では、ちょっと軽薄な感じがしますし、褒め言葉を真面目に受け止めていないように聞こえます。自信を持って、そして相手と目を合わせて「ありがとうございます」と言いましょう。

2 ── こちらから相手のことを尋ねる

褒めてくれた人のことに話題を向けましょう。相手を会話に引き込むために、個人的な問題を質問するのです。相手が褒めてくれた事柄にうまく話をつなげていけば、いっそう自然な会話になります。

相手　「その服はとてもいいですね」
あなた　「ありがとうございます。衣服についてよくご存じなのですね。どこか良いテーラーを教えてくださいませんか？」

相手　「素晴らしいプレゼンテーションでしたよ」
あなた　「ありがとうございます。少々あがってしまいました。あなたは人前であがったりしませんか？」

相手　「あなたみたいな素晴らしいマジシャンには初めて会いました」
あなた　「ありがとうございます。ラスベガスにいらっしゃったことはありますか？　そこで開いているショーもきっと気に入っていただけると思いますよ」

どの会話でも、相手に焦点を当てるように答えていることが分かりますね？　とても簡単なのに、実はつい忘れてしまうことなのです。

誰かが褒めてくれると、私はこう言いたい誘惑にかられます。「それはどうも。私がどんなに素晴らしかったかをもっと聞かせてください」って。あなたも褒め言葉をねだる習慣に陥っているかもしれません。でも、相手との信頼関係をつくるためには、それでは不十分です。

この新しいやり方で、これまでの習慣を断ちましょう。相手だって自分を認めてほしいのです。たとえ自分があなたを褒めている最中であっても。

カラフルな個性でまわりの目を引きつけよう

ストリートマジシャンたちは派手な彩りの小道具を用い、通りすがりの人々の目を引きます。彼らがよく使うホットピンクやオレンジの蛍光色は、灰色の街路と鮮やかなコントラストをなし、かなり離れた場所からでもよく目につくのです。派手な色のスカーフやカード、帽子などが目に入ると、人は「あそこで何をやってるんだろう」と思わずにいられません。そうして近寄ってくるのです。

洋服や小道具でカラフルに飾り立てたら、次は、自分自身がカラフルになる方法を考えましょう。洋服ならクレジットカードで買うことができます。でも、カラフルな個性の持ち主になるには、ライフスタイルを変えなければなりません。

ストリートマジシャンは、カラフルな小道具で観衆の注意を引きつけた後、その注意をずっと引きつけておくために、カラフルな個性を使います。彼らはとても派手に、少し厚かましいくらいに振る舞います。観客に失礼な物言いさえするのです。

自分の得意なことを、より伸ばす

私の大好きなガッツォー・メイシーというストリートマジシャンは、演技の最中にひどく下品なジョークや思わせぶりな言葉を連発します。見ているとはらはらしますが、実はちゃんと人の心理にかなっているのです。観客は存在感のある人間に心を引きつけられるからです。道路脇に止まっている事故車両のそばを通り過ぎるときのようなもので、目を背けたいのにどうしても見ずにはいられないのです。

あなたは人の反感を買うのを恐れないタイプですか？　エンターテイナーやアーティストは、常にこの危険をおかしながら、作品や演技による自己表現をしています。

エイブラハム・リンカーンの言葉を引用すれば、**「常にすべての人間を感心させることはできない」**。観客の中に誰一人あなたを嫌う人がいないとしたら、それはあまりに平凡な安全策を選んでいる証拠です。大切なことは、何人かの人に嫌われても、それより多くの人に好かれることです。

もちろん、有名になったら人に悪態をついていいわけではありません。ただ、何かを極める、独特のスタイルをつくるなど、自分が本当に目立つ方法を考える必要があるのは確かです。世界的に有名なマジシャンであるジークフリード&ロイは「偉大な人とは、並び立つ者がいない人のことだ」と言っています。

存在感を発揮するためには、自分が苦手な点は目立たせずに、得意な点だけを際立たせることです。思いきって人の注目を集めてください。思いきって、人がやらないことをやってください。思いきって大胆になったら、思いきり偉大になれるのです。

思いきって大胆になろう

私の友人のジェイは、大手のファッションデザイン会社にファッションディレクターとして雇われました。彼はその会社で自分を目立たせる方法を模索しました。そして、自分のスタイルを強調することで、新しい職場で高い評価を得るようになりました。

ジェイはいつものストリートクール系の装いを無難に抑えるのではなく、逆にそれを強調し、縫製がおかしなジーンズに、裏地がたるんだジャケット、大胆な色の組み合わせといった装いで出社しました。そしてこういう格好のせいで、新しい職場で思いきった行動をとることができたのです。

彼は以前とは違って率直に意見を言うようになりました。クライアントに対しても、どっちつかずの意見や遠慮がちのアドバイスではなく、はっきりした指導や指図を行いました。ジェイは常に自分の首を賭けてクライアントに提言し、クライアントはそれを高く評価しました。その結果、彼の給料はなんと1年で5倍に跳ね上がったのです！


自分の考えを率直に述べることで、相手が機嫌を損ねることもあるでしょう。でも、自分の能力に強い確信があれば、自信が生まれます。その自信があれば、拒絶する人もいるのを承知のうえで、自分の考えを述べ、賛同者を得ることができるのです。

コメディアンのビル・コズビーはこう言っています。**「成功の秘訣なんて分からないが、失敗の秘訣はね、すべての人に気に入られようとすることだよ」**

誰かがあなたを打ち負かそうとしたり、軽蔑の言葉を口にしたりしても、怒ってはいけません。拒否的な反応をする人もいるでしょう。そういう人は、他人をけなすことによって自分が偉くなったように感じるのです。そういう人たちの軽蔑を自分の糧にしましょう。人があなたに異論を唱えるのは、とにかくあなたが目立つ存在になってきた証拠です。あなたはそれを誇りにすべきです。こそこそする必要はありません。

高い枝についたリンゴになろう

これは私の実体験に基づいた意見です。私が初めて**「ミリオネアズ・マジシャン」**と自称したとき、周りの人たちは私が大きな間違いをしていると言いました。マネージャーも、広報担当者も、私の妻でさえ、そんな大それた言い方をするなんてばかげていると考えたのです。

しかし、この肩書きを使うようになって以来、私の仕事はずっと好調を続けています。この肩書きのおかげで、一部の人々の感情は損ねたけれど、より多くの人々の心をつかむことができました。

そもそもは、ある雑誌が私のショーを特集記事にしたときに、私を「ミリオネアズ・マジシャン」と呼んだのです。最初、私はこの呼び名に違和感を覚えました。でも、確かに私の顧客はほとんどみんな、富裕層《ミリオネア》です。だからメディアが私をそう呼ぶのは問題ないと考えました。彼らは公平な第三者だからです。でも、私自身がこの肩書きを使うのは思い上がりや悪趣味と受け取られないでしょうか？

私は2週間ほど思い悩みました。その間に、ブランディングの専門家であるマーク・リーヴィに相談しました。彼は私にアル・リースの書いた『フォーカス――市場支配の絶対条件』（ダイヤモンド社）という本を読むように勧めてくれました。

リースは自分の目標市場に不要なものはすべて削ぎ落として、ただひとつの専門領域に照準を合わせるようアドバイスしています。多種類の製品やサービスを提供している会社が、ひとつのことを専門に扱っている会社に負けてしまうことがあるというのです。私はこの考え方を基にして、自分の仕事に大きな変化を及ぼす決定をしました。

マーク・リーヴィに促されて、私は正式に「ミリオネアズ・マジシャン」を名乗ることにしました。**まず出演料を高く設定し、仕事の対象を社会的に選ばれた人たちに絞りました。**そしてその新しいイメージを反映するようにホームページをリニューアルし、金文字入りの高価な名刺を刷って、そこに「ミリオネアズ・マジシャン――高級な催しのためのエンタテインメント」と入れました。高価なイタリアンスーツを何着か特別あつらえし、フランク・ミューラーの豪華な腕時計も購入しました。

しかし、こうした衣装や装飾品の変化よりさらに重要なことは、仕事についての態度を変えたことでした。

私は、仕事が来たら何でも引き受けるというやり方をやめました。新しい方向性に合わない仕事は断ることにしたのです。依頼の電話をくれた人には、率直に「引き受けられない」と伝えました。依頼を断るのは難しいものです。

でも、私は先例をつくらなければいけないと考えました。リースが書いているように、**自分の得意分野をはっきり限定することによって、その専門分野で他の人に差をつけることができるのです。**私は値引き交渉に応じるパフォーマーだと思われたくありませんでした。リンゴであれば、手を伸ばさなければ届かないような高い枝についたリンゴになると決めたのです。

幸運なことに、私の頑張りは功を奏しました。そして、あなたにも同じことができます。ただ決断すればいいのです。

ミケランジェロは、大理石板ひとつひとつの中に像が閉じ込められていると言いました。自分の仕事は、その像が現れるように余分なものを削りとってやるだけなのだと。あなたの生活や仕事でも同じことです。**まず、自分が人にどう見られたいかをきっちり**

と定めます。そうして、新しい自己像に合わなくなった部分を、あなたの生活から削ぎ落としていきましょう。

最初は窮屈な感じがするものです。履きなれない新しい靴に、無理やり足を入れているようなものですから。私もそうでした。

それでも、メディアや企業の契約担当者が私の新しい肩書きを認知するようになると、事態は良い方向に動きはじめました。派手な言葉を使っているために、「ミリオネアズ・マジシャン」は人によく覚えてもらえたのです。記者たちはこの肩書きを気に入って、新聞やテレビで報道してくれました。

すべては、派手な言葉で自分を際立たせるという、ひとつの決心のおかげなのです。

自分の隠れた特質を発見する

新しく個性をつくりだす必要などまったくないのです。カラフルな個性は、実はすでにあなたの内部に存在しています。あなたはそれを表に出せばいいのです。

自分を正直に見つめてください。そして、あなたがすでに持っている特質を発見してください。個性を明らかにすることは、自己発見の一過程です。そのためには、自分のモチベーションや身体的特性、価値観などについてよく考える必要があります。**絶対にしてはならないのは、人の真似をすることです。**

どうぞ、あなたを最もあなたらしくする特質を見つけだしてください。

MAGIC 3

聞き手に
信頼と好印象を与える

話し方＆プレゼンテーション

どんな相手にも自尊心を持って接しよう

私は初対面の人たちの前に立つとき、すでに相手から好意を持たれていると決めてかかります。対等な立場にいるかのように相手に話しかけます。あなたにも同じようにしてほしいのです。

相手が上と決め込んではいけません。CEOやあこがれのヒーロー、理想のクライアントに会ったときも、対等な人間として接してください。新しい付き合いを始めるときは、常に弱者ではなく強者の立場で臨みましょう。傲慢に接せよということではありません。自尊心を持って接するのです。

今から100年以上前の1897年、マジックの名著『New Era Card Tricks』(未訳)でオーガスト・ローテルベルクは書いています。「パフォーマーは人当たりよく振る舞わねばならない。だが、丁重であり過ぎてはいけない。これは大半の初心者が犯す誤りで、あまりに丁重に振る舞うと、自分を観客より低い地位におとしめることになるのだ」

要するに彼が言いたいことは、**あなたが確かな自信を持っていれば、人はちゃんとあなたを敬ってくれるということです。**


サンフランシスコのリッツ・カールトンでマジックショーを行ったとき、この考えはさらに強まりました。優れたサービスで知られるこのホテルチェーンでは、新入社員のトレーニングで、**「私たちは紳士淑女に仕える紳士淑女です」**（"We Are Ladies and Gentlemen Serving Ladies and Gentlemen"）というモットーを学ぶのだそうです。

ここには「仕える」という言葉が使われてはいますが、これはスタッフの従属を意味しているわけではありません。彼らはお客様に敬意をもって接しながら、自分たちも同じだけの敬意を返されて当然だと思っているのです。

このホテルでは従業員全員に小さなカードが配付されていて、そこにはこのモットーのほかに「おのれの欲するところを人に施せ」という黄金律や、同社のほかの基本方針も記されています。そして、まるで幸福のお守りみたいに、毎日必ずこのカードをポケットに携帯することになっています。そうすれば、この方針に従って働くことを常に忘れずにいられるからです。

私はこの献身的な姿勢に感じ入り、支配人にお願いしてカードを1枚いただいてきました。舞台に立つときは、必ずこのカードをポケットに入れています。いまや私にとって無くてはならないものです。

この考え方を知るまで、私はひたすら腰を低くしていればいいと考えていました。そのほうが上品に見えると思っていたのです。昔はいつもこんな言い方をしていました。「お話しできることをたいへん光栄に存じます」「深くお詫び申し上げます」そして「ぶしつけなお願いで失礼とは存じますが、お手伝いいただけますか?」。**こういう馬鹿丁寧な言い方が自分の地位を下げていることに、気づいていなかったのです。**

今は、常に対等を心がけています。これは、あなたにもできることです。自分が話しかけてほしいと思うような言葉で、人に話しかければいいのですから。

エクササイズ5 — 見つめてみよう

地球最大の霊長類であるゴリラの世界では、シルバーバック（高齢のために背中の毛が灰色になった雄のマウンテンゴリラ）の中でも、リーダー格の雄だけが他のゴリラを見つめることができます。リーダーは見つめることによって、自分が群れの支配者であることを示すのです。人間社会においても同じです。優位にいる人間は見つめることを許され、下位にいる者はおどおどと目をそらします。

また、私たちは子どものころ、じっと見つめるのは無作法だと教えられました。だから、ほとんどの人はこのしつけが身についています。でも大切な目的のために、ここではエチケットを少し忘れてください。では、エクササイズです。

〝知らない人を見つめ、そのまま目をそらさないでいましょう〟

この課題の目的はただひとつ、相手に目をそらさせて勝つことです。少々ばかげて聞こえるかもしれません。でも、やってみてください。通りを歩いているときに、こちらに向かって来る人の目を見つめて、絶対に目をそらさないようにします。

何も気づかずに通り過ぎる人もいるでしょう。あなたを見つめてから目をそらす人もいるでしょう。そして、見つめ返したままで目をそらさない人もいることでしょう。ルールは覚えていますね……見つめるのをやめないことです。

これは、日常生活で簡単に行うことのできる、**優位性を築くための練習です。**公共の場所で知らない人を相手に練習を始めるのですから、あなたが失うものは何もありません（ただし、男性が誰かのガールフレンドを見つめた場合は、歯の何本かを失うかもしれませんが！）。

見知らぬ誰かひとりを見つめるのが平気になったら、次は友達や同僚を相手に練習しましょう。ただしこの場合は、顔のある特定ポイントを見つめることになります。同僚の顔を見つめるときは、視線を相手の鼻梁《びりょう》のちょうど上のあたり（ここを「第三の目」と呼ぶ人もいます）に注いでください。会話はいつもと同じようにして構いませんが、視線は常にこの場所にとどめるのです。

このとき、相手の両目を見つめようとして、視線をちらちら動かさないようにしましょう。その代わり、「第三の目」をできるだけ強く――相手の頭蓋骨《ずがいこつ》を射抜くくらいの強さで見つめてください。相手が落ち着かなくなって目をそらしたときが、あなたがちょうどよい強さで見つめたときです。やった！　この瞬間、あなたは一時的にせよ優位な立場を獲得したのです。

緊張する自分と上手につき合う方法

さあ、誰かひとりを見つめる自信がついたら、大勢の人の前にも平気で出ていくことができるはずです。大丈夫ですよね？　まだ駄目？　そんなあなたには、まだステージフライト（舞台恐怖症）が残っているのでしょう。あなたはきっと「相手がひとりなら大丈夫でも、集団になると思うようにいかないんだ」と思っているはずです。

不安を感じるのは当たり前。でも、その不安をどう扱うかで、結果はまったく違ってくるのです。**「失敗したらどうしよう」と考えずに、「成功したらどうしよう」と考えましょう。**人に笑われることを心配するよりも、自分も楽しむ気持ちになれば、自分を笑ったのではなく、自分と笑っているんだと思えるようになります。

私はステージに出て行く前に、一緒に横で出番を待っている人たちと馬鹿話をします。「ショーが終わったら、ベタベタの大きなサンデーを食べるんだ」とか「僕がパンツをはいてないなんて、たぶん誰も気がつかないよね」とかいう感じで。こんな意味のないおしゃべりだけで、気軽なリラックスした気分でステージに立つことができるのです。

もちろん、問題は人前に出る直前に限られたことではありません。人は、スピーチをしなければならないと分かったその日から、プレッシャーを感じるものです。

しかし、プレゼンテーションの何日も前から気に病んでいるのなら、その時間にセリフを考え、適当な場所で練習すればいいのです。その際は、必ずはっきりと声に出すこと。できれば他の人の前で行うといいでしょう。

また、スピーチに使う言葉を日常の会話に入れて使っておくと、その言葉を自然に口にできるようになります。声に出さずに練習してもあまり役に立ちません。実際に声を出せば、口にするときの感覚を、口や顔の筋肉に覚え込ませることができますよ。

コントロールできないこと、コントロールできること

それでもまだ不安を感じるかもしれません。しかし、そんな気おくれを、自分の強みにすることもできます。人前に出ることに気おくれを感じなければ、逆におかしいくら

いです。大事なことは、あなたの体の自然な反応を抑え込まないことです。

人前で話すことを求められたとき、体はアドレナリンとコルチゾールを分泌し、それを血管に送り込みます。これらの刺激物質が体中を駆けめぐると、呼吸が速くなったり汗ばんだりします。ストレスに対する体の自然な反応を完全にコントロールすることは不可能です。あなたにできることは、こうした反応に対して心がどう対応するかをコントロールすることです。

私の友人であるブライアン・ザカリー・マイヤーは説教の際によくこう言います。**「どうしても避けることができないものなら、リラックスして取り組むのが一番だ」**と。

体があなたにプレッシャーをかけてくることを覚えておきましょう。体の自然な反応なのですから、それを抑え込んではいけません。体が過敏に反応するなら、その敏感さを利用しましょう。あなたの反射神経は研ぎ澄まされているはずです。眼光は鋭くなり、顔も輝いていることでしょう。あなたはすごく生き生きして見えるのです。

自分を、ゲートから飛び出したがっているロデオの荒馬だと思ってください。**おとなしく椅子に座っている人々に比べ、あなたはその場で最も活力に満ちています。**はちきれそうなエネルギーのせいで、あなたはよりいっそう魅力的に見えるはずです（たぶん心の中ではそれどころではないでしょうが）。

エクササイズ6 ― 映画館で仁王立ちしてみよう

自信を深めるのに、とても役立つエクササイズがあります。あなたが今度映画を観に行ったら、一番前に行ってそこに立ってください。映画が始まるのを待っている人たち全員と向き合うのです。

そこでは何も言ってはいけません。あわてて自分の席を探してもいけません。居心地が悪いでしょうが、誰かを探しているように振る舞ってください。でも実際は、あなたは、大勢の人間の前に立っても平気でいられるように自分を訓練しているのです。

映画を観に来た人たちの前に立ちながら、「観客」という概念を最小単位に分解することを覚えてください。忘れないでほしいことは、**あなたを見つめている人たちの一人ひとりはごく普通の人間だということです**。さあ、一緒にゆっくり言ってみましょう。「ごく」「普通の」「人間」だと。

観客のことを、自分を見つめる目玉の海みたいに考えるのはやめましょう。その2つずつの目玉が普通の人間の顔についていることを思い出してください。朝起きて、歯を磨き、仕事に行く、そんな誰かです。もし立場が逆だったら、あなたがその人に脅威を与えているかもしれないのです！

たとえ、セレブや国家元首ばかりの観客を前にしたときでも、彼らも人間であることに変わりはないと自分に言い聞かせてください。彼らだって私やあなたと同じように考えたり、決定を下したりするのです。あなたが彼らに脅威を感じるとしたら、それはあなたの心の持ち方のせいなのです。

人前に立つだけで親密な雰囲気をつくる「見渡し」の魔法

さあ、準備万端。もういつでも人前に出ていけますね。それでは、実際にどのようにステージに上がり、どのように振る舞えば、自分を一番アピールできるでしょうか？

人の前に立つ段になって、あなたの頭にさまざまな思いが駆けめぐることでしょう。「うまく行きますように」「僕はどう見えるんだろう？」「最初に何て言おう？」……その間も自分が支配者であることを示すために、アイコンタクトを忘れてはなりません。

多くの人は緊張のあまり言葉につまり、足もとやメモ帳に目を落とします。しかし目を伏せるという行為は、自信のなさ、内向的性質、独善性を暗示しているそうです。あなたの目標は、みなぎる自信を発散させて、観客の視線を自分に引き寄せることでしたね。それを一瞬にして実現するために、部屋を扇形に見渡すテクニックをお試しください。**私はこれを「見渡し」の魔法と呼んでいます。**

AからBに向かって歩きながら、右手の一番奥に
座っている人をじっと見つめます。

ステージ中央に近づくにつれ、
顔をすこしずつ左側に向けていきます。

Bに着いたときには、あなたの鼻が
左手の一番奥に座っている人に向いているようにします。

部屋を扇形に見渡すためには、まずAポイント（ステージ上手）からBポイント（ステージ中央）までやや足早に歩きます。歩く間、右手の一番奥に座っている人をじっと見つめてください。目をそらしてはいけません。アイコンタクトがちゃんととれたと感じるまで、その人を見つめましょう。Bポイントまで歩きながら、ステージ中央に近づくにつれ、顔を少しずつ左側に向けていきます。

Bポイントに着いたときには、あなたの鼻が左手の一番奥に座っている人に向いているようにするのです。これで、ステージ中央に立ったとき、あなたはすでに部屋全体を「扇形に見渡した」ことになります。次に、顔をゆっくりと右に戻し、右側の席の人たちと再び目を合わせてください。

この動きにどういった効果があるかというと、**ステージの中央まで歩く短いあいだに、あなたは観客全員に真正面から自分の顔を見てもらえたことになるのです。**

これをしないかぎり、ある特定の位置にいる観客からは、あなたの顔の一部しか見えません。まずしょっぱなに自分をしっかりと見てもらう機会をつくることが、初めて会った観客とも親密な関係を築いていく何よりのきっかけとなるのです。

堂々として見える登場の仕方のコツ

「ステージに上がるときは、どちらの足を先に出す?」。マジシャンのビト・ルポは、俳優の伝統的なテクニックを応用することによって、この問題をきわめました。

彼はレクチャーにおいてこんなアドバイスをしています。**ステージの上手から入っていく場合、最初の1歩目は右足を出すこと。下手から入る場合は、左足を出すこと。**

このステージテクニックを使えば、大勢の人の前に歩み出る際に、自分の体のより広い部分を見せることができます。アドバイスと逆の出方をした場合、観客が最初に目にするのはあなたの肩と横顔です。でも、アドバイスのとおりに出ていけば、あなたが観客に与える第一印象はより鮮明で刺激的なものになります。胸の正面の広い部分が観客に見えるので、あなたはとても大きく見えます。人に与える印象が強烈になればなるほど、あなたはより堂々として見えるのです。

上手から入るときは、最初の一歩は右足を。

下手から入るときは、最初の一歩は左足を。

人には見えない最初の2歩

どちらの足を先に出すかは分かりましたから、登場の仕方について、さらに細かい調整に入ります。最初の2歩は、観客に見えないよう、つまり舞台の袖を歩いてください。**観客が最初に目にするのは、あなたが3歩目を歩く瞬間から**ということになります。

なぜそんなことが必要なのかといいますと、静止した姿勢からスタートするとき、最初から勢いをつけることは難しいからです。スポーツカーのエンジンと違って、人間はほんの数秒でゼロから60に出力を上げることはできません。スピードやエネルギー、はずみをつけるためには、時間が必要なのです。

観客の前に出た瞬間に存在感を発揮して、自分は堂々とした人間なのだというイメージを与えたいもの。**この最初の2歩には、歩きだす前にエンジンの回転速度を上げるのと同じ効果があります。**この2歩があるから、3歩目が活気にあふれて見えるのです。

今、あなたはこんな心配をしているでしょう？　すごく効果的な登場の仕方をするためには、先ほどのビト・ルポのアドバイスと、この見えない2歩とを組み合わせなければばならないけど、大丈夫だろうかって。任せてください。こうすればいいんです。

- **舞台に登場する地点から2歩分下がる（たぶん廊下だったり、部屋のわきだったり、ステージ袖の幕の後ろだったりするはず）**
- **上手から登場する場合、最初の3歩は、右、左、右となる**
- **下手から登場する場合、最初の3歩は、左、右、左となる**

どちらの場合も、最初に観客の目に入るのは「3歩目」ということになります。3は奇数ですから、この歩き方でいけば自動的に正しい側の足で観客の前に登場することになるのです。

ふんわりと登場して場の注目を集める呼吸テクニック

本書の最初に、人を宙に浮かせる方法を明かすつもりはないと書きました。でも、ここでは、ふんわりと部屋に入っていくことによって、その場の注目を集める方法をお話ししましょう。マジシャンや俳優、演説者は昔からこのテクニックを使っています。とても簡単で、しかも自信を持って舞台に登場することができますよ。

観客の前に登場するときは、まず大きく息を吸ってください。あなたの肺がはちきれそうになるまで思いきり酸素で満たすのです。胸腔《きょうくう》のてっぺんまで空気でいっぱいになったと感じたら、そのまま止めます。そうしてから、初めて部屋に入っていくのです。こうすれば、肺がしぼんだまま出ていくよりも、ずっと効果的な登場ができます。

多くの人はこのテクニックを知らないために、肺に空気を入れないまま舞台に上がり、話しだす直前に素早く息を吸うことになります。こういう人の真似をしてはいけません。

歩きだす前に、肺を酸素で満たしてください。息を吸うことで顔に血が上り、より生き生きとして輝いて見えますよ。

あなたが話を始めれば、空気は自然に肺から抜けていきます。でも、すぐに話しださないときには、息を吐き出すことをお忘れなく。息を吸ったままだと、やがて目を回すことになります。最初の印象がどんなに良くても、担架で運ばれたら台無しですからね。

この息を吸うテクニックはとても簡単にできます。

こんど上司の部屋に書類を提出しにいくときに、ドアの前でちょっと立ち止まり、酸素を補給してください。いっぱいになるまで吸い込み、胸腔の中で肺がふわふわ浮いている状態で部屋に入ってください。観客（この場合は、あなたの上司）はあなたの顔が自信に輝いていることに気づくでしょう。

あなたは気後れや不安ではなく、余裕を持って話しはじめる態勢を整えたのです。

アウェイをホームに変える3ステップ

大勢の人の前で話すときは、自分がそのステージを所有していると思うことです。あなたの「ステージ」は、オフィスや会議室、教室かもしれません。どんな場所で話をするにせよ、そこを自分の場所にしてください。

「ここは私の居場所。今、ここに帰ってきたんだ」と自分に言い聞かせましょう。スポーツチームが自分たちのホームスタジアムで試合をするのと同じです。それによって自信が強まり、主導権を握っているのは自分だというシグナルを発することができます。

自分のオフィスや自社の会議室などの馴染みの場所であれば、簡単です。意外なことは何もなく、どこに何があるかも分かっています。でも、よく知らない場所に出向いたときは、ホームの利点を得るために、いくつかのステップを踏まねばなりません。

【ステップ1】早めに到着してその部屋でリハーサルを行います。私はイベントに先立って「舞台をぶらぶら歩く」ことができるよう、たいてい1日早い飛行機に乗るようにしています。そうすれば、部屋の配置を知ったうえでプレゼンの仕方を調整できます。

プロのエンターテイナーは間取り図も含め、演技を行う場所に関するすべての条件を明記した指示書を事前に送ります。これは、イベントの前に不安をなるべく減らしておくことが目的です。「意外性をゼロに」をあなたのモットーにしましょう。

【ステップ2】観客席に座って、そこからパフォーマンスを行う場所を眺めてみます。そのうえで自分の立ち位置を決めてください。客席からよく見えて、ライトもよく当たる場所があるはずです。あちこち席を移動して、その席に座った人からどう見えるかを想像してみましょう。人の視界を妨げる物があったら移動させます。大きな柱が邪魔な場合は、椅子の位置を動かしてください。

【ステップ3】どうしても早く着くことができない場合もあります。そんなときは、このステップ3を使えば、その部屋を自分のものにすることができます。つまり、そこを自分の部屋のようにしてしまうのです。

まず家具を動かします。椅子を移動したり、テーブルを部屋のわきに押しやったりします。椅子に座っている人たちには立ってもらうか、別の場所に移ってもらいます。ちゃんと理由（たとえば、こちらに立ったほうがよく見えますよ、とか）があるように振る舞えば、観客は眉をひそめることなく、あなたの要求に従ってくれますよ。

全身を見せることで強いメッセージが伝わる

貴重なアドバイスがあります。**話すときは机の後ろではなく、前に立ってください。**机や演台の後ろに立つと、観客からはあなたの上半身しか見えません。

演台の後ろにいると守られているように感じるという話し手はたくさんいますが、そういう人たちは自分のノートに目を落としたままで、手はもっぱら演台の端を握っています。これでは自分の自信のなさを強調しているようなものです。

ステージを自分のものにしたいなら、観客に自分の頭からつま先まで見てもらうようにしましょう。机や演台の前に出ることで、観客により強いメッセージが伝わるのです。

ひとつのテーブルの周りに皆が着席している場合は、**自分が話す番になったときに立**

ち上がるだけで、より注目を集められます。椅子から動いてはいけないなんて思わないことです。そこはあなたのステージなのですから、好きなように立っていいのです。

相手との結びつきを強める魔法の呪文

大勢の人の前に出るとき、自分の心に問いかけてみましょう。「私は何のためにここに来たのだろう」と。最高ランクのエンターテイナーたちはこう答えます。「私は観客のためにここにやって来たんだ」と。観客はあなたを満足させるためにそこにいるのではありません。あなたを一目見るために、あなたに会いに来ているのです。

だから、ステージに上がったとき、「さあ、来ましたよ！」なんて思ってはいけません。**「ようこそいらっしゃいました！　よかった、私に会いに来てくれたんですね！」**と思いましょう。この考え方の転換が大切なのです。

駆け出しのマジシャンは、小道具がすべてだと考えます。ステージに上がっても、カードやロープなどにばかり目を落としています。マジシャンが気にかけていることを観客も気にかけるはずと考えて、あっという間に観客にそっぽを向かれてしまうのです。

実際に、観客が気にかけているのはただひとつ、自分が何を体験できるかだけです。

その体験を第一に考えて、楽しいものにするのがプレゼンターの仕事なのです。

どうぞあなたの観客を愛してください。私はこのことを、20世紀前半に名声を博したハワード・サーストンというマジシャンから学びました。彼は象を消し去るなどの大がかりなマジックで世界中を旅して回りました。本当に素晴らしいマジシャンでした。

彼は舞台に登場する前に、幕の後ろに立って、自分にこう言い聞かせたといいます。「私は観客を愛している、私は観客を愛している」。そして歩きだすまで、それを何度も繰り返したそうです。ステージの中央に立つ頃、彼の全身からは観客に対する愛情が発散されていました。観客との結びつきが強く伝わってきました。彼はただ観客に見せるためだけに演じていたのではなく、その体験を観客と分かち合おうとしたのです。

たとえ仕事の打ち合わせであっても、人と交流する前に呪文のように唱えてください。**「私はクライアントを愛している」「私は同僚を愛している」**と。きっとお互いにとって有意義な打ち合わせになるでしょう。私はショーの前には必ずこう唱えています。私は観客を愛している、妻や子どもたちと同じくらいに、と。

誠実さの伝わる話し方、伝わらない話し方

観客は自分が重要な人間だと感じたいのです。自分はその他大勢のうちのひとりではないと思いたいのです。

明らかに暗記したものと分かるフレーズを観客に振りまき、そっぽを向かれたエンターテイナーを私は数多く知っています。決まり文句をただ聞かされているだけと思ったら、観客はその人間が自分たちと向き合い、期待に応えてくれるとは思わないでしょう。相手が本当に自分に話しかけているとき、人はちゃんと分かるものです。

仕事を始めたばかりの頃、私はＴＶマジシャンのデーヴィッド・ブレーンのマジックコンサルタントをしていました。彼はあるとき1組のトランプを私に手渡し、トリックを見せてくれと言いました。私がやってみせると、彼はこう言ったのです。

「そのトリックはすごくいいが、口上は気に入らないな。いかにも練習しましたという感じじゃないか」「何を言うかをあらかじめ準備しているようでは駄目なんだ。それを言われるのは自分が初めてだと、相手が思うようでなければね」

そのとき、私は決めました。**何を言うかの枠組みだけは必ず決めておくけれど、一語一語を暗誦するのはやめよう、**と。型にはまった言い方をしたら、リハーサルをした言葉で話しかけていると観客に思われてしまいます。

サービス業に従事している人は、誠実さが相手に伝わるように心がけましょう。エンターテイナーと同じように、あなたも同じような説明を何度も繰り返して暗誦しているはずです。応答マシンのようにならないためには、自分が今話しかけている相手は、その説明を初めて聞くのだということを思い出してください。舞台俳優と同じように、「今このとき」に最善を尽くすのです。

あなたは、あなたという役を演じる俳優で、今初めてそのセリフを言うのだと考えましょう。**さあ、台本は片づけて、観客としっかり目を合わせてください。**目の前にいるのは生身の人間なのだと意識すれば、口から出る言葉は自ずと生き生きしてきます。あなたと相手の今の状況に、ちゃんと対応した言葉が出てくるはずですよ。

人に話しかけられたら、気の利いた言葉を返そうと考える必要はありません。その代わり、**相手の言葉に本気で耳を傾けてください。**相手の言うこと、相手の言い方に本当に耳を傾けてこそ、最も誠実な答えがあなたの口から出てくるのです。

職業柄、私は同じような質問を何度も受けます。「初めてトリックをしたのは何歳のとき?」「自由の女神を消せますか?」……。どの質問にも答えはあらかじめ用意してあります。でも、毎回少しずつ言い方を変えて、表現の仕方を楽しんでいます。そうすればいつも新鮮で自然な感じに答えることができるのです。

エクササイズ 7 いつもと違う答え方をしてみよう

あなたも今日から試してください。もう何百回も答えているような質問を誰かからされたら、これまでとは違う言い方で答えてみるのです。言葉の順番を変える程度でも構いません。あるいは、まったく新しい答えを言ってみるのもいいでしょう。

それによって、あなたの答えは決まり文句の繰り返しでは無くなり、より誠実で、現実の状況に即したものになるのです。

一流のマジシャンに学ぶアイコンタクトの技術

観客はあなたの視線を追うものです。これはマジックの基本のひとつです。

あなたが下を見れば、彼らも下を見ます。あなたが上を見れば、彼らも上を見ます。同じように、通りで何人かがビルのてっぺんを見上げていたら、あなただって必ず上を見ると思います。「みんなが面白そうにしているんだから、きっと自分にも面白いに違いない」ってね。

では、あなたがまっすぐに観客を見つめたらどうなるでしょう？　もちろん、彼らは自分たちをじっと見ることはできませんから、あなたを見つめる以外ありません。

アイコンタクトは人との関係を築くうえで決定的な役割を果たします。そして、大勢の人の前に立つときに役立つ、いくつかの特別な効果があるのです。私は、以下のショーマンシップの技術を、スペインのマジシャン、ホアン・タマリッツに学びました。

1 — 想像の糸を使う

あなたの目と観客一人ひとりの目が見えない糸で結ばれていると考えてください。あなたを見つめる観客のまなざしに応えることで、その糸を常にぴんと張っておきましょう。真ん中をたるませてはいけません。大きくたるむと、糸は切れてしまいます。

2 — アイコンタクトを回復させる

糸が切れたら、即座に結びなおしてください。興味のなさそうな観客がいたら、そばに行ってアイコンタクトをとります。相手に近寄って、直接話しかけてください。接近することで、その人たちの関心を取り戻すことができます。

3 — 相手を意外なほど長く見つめる

観客のひとりと視線を交わすときは、普通より長く見つめるようにします。話し手の多くは大勢の人の前に立つと落ち着かず、視線を人から人へとちらちら動かしてしまうものです。そこで何人かの相手を決めて、意外なほど長く見つめることをお勧めします。そして、10～15秒くらいの間、それぞれの相手と直接話をするのです。

このように注意を向けられると、人は自分が大切に扱われていると感じます。まるでその部屋には自分しかいないかのような気分になるのです。これは政治家がよく使う手です。エンターテイナーもしかり。そして、あなたにも簡単に使えますよ。

4 ― キーパーソンを見つける

観客が何百人もいる場合は、すべての人に話しかける時間はありません。相手が大人数である場合は、熱心で反応の良いキーパーソンたちを見つけるのが一番です。

1か所に偏らないよう会場全体から選ぶようにしてください。そしてキーパーソンから別のキーパーソンへと視線を移していってください。そのキーパーソンの周りにいる人たちは、あなたの真剣なまなざしを感じるはずです。未熟な話し手がよくやるように、人の群れにただ顔を向けるような過ちは犯さないことです。

アイコンタクトがなければ、信頼関係は築けません。キーパーソンを意識的に見つけ出し、まるでその部屋には2人だけしかいないかのような雰囲気で、それぞれに話しかけてください。

信頼関係を築く！ステージでの立ち方のルール

1　観客に背中を見せないこと

これは、人前で話をする人たちにとっての鉄則です。背を向けたら、あなたには観客が見えないし、観客にはあなたが見えません。アイコンタクトもすべて途切れ、あなたの声は通らなくなり、せっかくつくりあげた信頼関係も失われます。

マジックショーで私が唯一背を向けるのは、観客の行動（カードを選んだり、内緒の絵を描いたり）を見ていないことを強調するときだけです。それ以外は常に正面を向き、観客のつながりを保つように努力しています。

周りをぐるりと観客に囲まれている場合は、頻繁に体の向きを変え、どの席にいる人にも長く背を向けないようにします。時計回りとかの規則的な動きではなく、**室内のあ**

らゆる位置にいる人にジグザグに視線を走らせてください。そうすれば、次は自分に注意が向くのではないかという期待を観客に抱かせることができます。

2 ―― 45度のルール

大勢の人に向かって話すときには、正しい立ち方と不適切な立ち方があります。これは45度のルールと呼ばれるものです。このルールにどんな働きがあるのか理解するために、ちょっと立ち上がって試してみましょう。

エクササイズ 8 ―― 45度のルールを試してみよう

まず、両足を前に向けて立ちます。体の重心を右足にかけてください。次に、重心を左足に移します。そして、右、左、右、左と、交互に重心を移動させます（誰か見ている人がいたら、船酔いするかもしれませんね！）。

両足を平行にして立っていると、重心を移動するたびに体は船のように揺れてしまいます。これは不適切な立ち方です。あなたが常に揺れていると、神経質で落ち着かない印象を与えてしまい、また観客はマジックに集中できません。

これは、45度のルールで簡単に修正できます。まず右足を前に向けたまま左足を移動し、右のかかとの後ろに左のかかとをつけてください。左のつま先は中心から左45度の位置に置きます。そうして、先ほどのように重心を右に移してみましょう。どうなりますか？　転んでしまいますよね。この姿勢で重心移動はできません。あなたは床にしっかりと固定されているのです。

体重がかかっているほうの右足が疲れてきたら、足の位置を逆にして一度重心移動をしましょう。まず、左足を前に向けます。そして右のかかとを後ろにずらして左かかとの後ろ側につけ、右のつま先を中心から右45度に置けばいいのです。

3　身を乗り出す

さあ、正しい立ち方ができた後は、観客に向かって全身を傾けてください。こうすることで、より意欲的なポーズになって、あなたの熱意とエネルギーを観客に示すことができます。あなたが身を乗り出せば、観客もまた身を乗り出して応えてくれるものです。これはあなたのメッセージに対する観客の関心の表れなのです。

呼吸法をマスターして、部屋全体に届く声を出そう

あなたの話す言葉は一言一句、会場のすべての人の耳に届かなければなりません。観客がいつも「今、彼はなんて言ったの？」と尋ねているようでは、その人たちと気持ちを通じ合わせることはできません。

だから、話すときは一番遠くの最上階に座っている人たちに向かって声を発してください。決して下を向いてはいけません。あなたが話す言葉はくぐもってしまい、最前列に座っている人にしか聞こえなくなります。

会場の最後尾の席に小さなおばあさんが座っていると想像してください。彼女は耳が遠くて、片手を耳に当てています。常におばあさんに捧げるために演技をし、彼女がちゃんと聞きとれるような声を出してください。

といっても、叫ぶ必要はないのです。声を発射する秘訣は、話すときに息を使って声

をサポートすることです。叫んだりわめいたりすると、喉頭が緊張します。それは望ましくありません。

お腹を膨らませるようにして息を吸い、お腹を体の中にひっこめるようにして息を吐きましょう。息を吐きながら、その息に声を乗せて、体から途切れなく出し続けてください。呼吸がうまくできるようになればなるほど、たくさんの息を使って声をサポートし、観客の耳に届かせることができるのです。

話すときは、あごと舌の力を抜いて、歯をくいしばらないようにします。口の筋肉が少しでもこわばっていると、声がうまく出ず、言葉を正確に発音できません。

自分の声が常に部屋全体に行き渡るように心がけましょう。なんらかの理由でマイクを使う場合は、その持ち方がとても重要になります。初心者にはマイクを胸の前に構える人が多いですが、それではマイクが上下に動いてしまいます。これは適切な持ち方とはいえません。そうではなく、**マイクを口の前に直角に構えてください**。プロの歌手を見てみれば、誰もがそういう持ち方をしているのが分かるでしょう。

ショーマンシップをマスターしよう

シェークスピアは「この世は舞台。人はみな役者」と書きました。あなたは実際に劇場の舞台に立つことはないかもしれません。でも、本章で学んだ手段を使えば、プレゼンテーションやスピーチをより効果的で素晴らしいものにすることができるでしょう。

本章に載っているテクニックは、あなたが真のショーマンとなるうえで大いに役立ちます。あなたがショーマンになれば、観客はあなたが言うことを聞き漏らさぬよう、じっと聞き入ることでしょう。ショーマンは効果的な言葉を使い、自信に満ちた足どりで歩き、瞳を輝かせて得意の演技を行います。この章や、本書全体で述べている内容にしっかり耳を傾ければ、あなたもショーマンになれるはずです。

どのテクニックが役立つかを知るには、実際に人前に立って、どれが最高の反応を引き出すかを確かめることです。その人たちの前にどう登場し、どんな話し方をすればいいかを実際に経験してみましょう。そのうちに、自分に最良の方法が見つかるでしょう。そのテクニックは、使えば使うほどあなたのものになっていき、しばらくすると、無意識の習慣となります。そのときこそ、あなたがショーマンシップの原理をマスターしたときなのです。

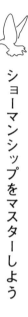

MAGIC 4

相手の心理を自在にあやつる

華麗なる心理テクニック

「戦略的失敗」で聞き手の共感を得る

私は失敗の計画を立てるのが大好きで、実際そのリハーサルまでするくらいです。**他人の失敗を見るのが好きです。そしてその人が失敗を乗り越えるところを見るのも好きなのです。**失敗が大きければ大きいほど、望みが叶ったときの感動も大きくなります。

私はショーで「スィンク・ア・ドリンク（好きな飲み物を考えて！）」というトリックを行います。これは、リクエストされたら、どんな飲み物でもひとつのヤカンから注いでみせるというトリックです。

たとえばある婦人が「コスモポリタン！」と叫んだら、私はすぐにヤカンを持ち上げてコスモポリタン（カクテル）を注ぎます。ドライマティーニをご所望の紳士は、ヤカンの注ぎ口からほとばしり出たマティーニにご満悦でした。ある男性は疑わしげにシングルモルトのスコッチを注文し、私は直ちにそれを注いでさしあげました。飲み物を口にされたお客様は、それぞれ自分が注文したものに間違いないと確認してくれます。

最後に、私はひとりの女性に好きな飲み物を尋ねます。彼女が「シャンパン」と答えたとします。私はヤカンを傾けますが、何も出てきません。もう一度やってみますが、やっぱり駄目。シャンパンは出てきません。私は謝ります。観客もどうも調子が悪そうだぞと感づきます。そこで私はお詫びを言って、潔くトリックを終わりにします。

それからかなり後――30分くらいたってから、ショーはクライマックスを迎えます。気分が盛り上がり、観客は興奮しざわめいています。そこで、私は先ほどのシャンパンのことを口にします。「奥様、今からでもシャンパンを召し上がりますか?」。そして最後にもう一度ヤカンを持ち上げ、傾けて、グラスになみなみとシャンパンを注ぐのです。観客はたいていこぶしを高く突き上げ、口々に「やった!」と叫びます。私が失敗を重ねたことで生じた緊張が、ここで一気に解けたのです。

もちろん最初からシャンパンを注ぐことはできましたが、このトリックを完璧にこなしたら、観客の心を揺さぶることはできなかったでしょう。これが重要な秘訣なのです。

誰かが「難しいことをやってみせるぞ!」と言って毎回ちゃんと成功をおさめるより

も、その人が「さあ、見てろよ」と言って何回か失敗するほうが、ずっと面白いですよね。見ている側は、説明されなくても、この仕事はきっと難しいんだと思い込みます。彼が何回か失敗したんだから、そう簡単にできるものじゃないんだな、と。そして最後にめでたく成功となり、決まって盛大な拍手喝采がわき起こる——。

この「戦略的失敗」作戦のかげには、狡猾ともいえる心理術が隠されています。**失敗するところを見せると、観客はあなたの成功を願ってくれます。彼らはあなたの味方になってくれるのです。**人は一般的に、何かを試みるたびに必ず成功する人間よりも、逆境にあって首尾よくそれを克服する人間が好きなのです。

戦略的失敗をプレゼンテーションに応用する

では、あなたは取引先や上司、恋人に対して、戦略的失敗をすることができますか？皆に祝福されるような、上手な失敗のリハーサル方法を考えてみましょう。

ある男性は広告代理店で働いていて、クライアントに向けて定期的にプレゼンテーションを行っています。その企業では、会議室にいる全員に見えるようにパワーポイントのスライドを大画面に映し出す方法を多用しているそうです。しかし広告業界では誰もがパワーポイントを使っているため、発表スタイルが画一的になりがちです。そこでその単調さを払拭するために、私は彼に次のような「戦略的失敗」を提案しました。

発表の要点に入る前に、彼は次の画面が特に重要であることを告げて、クライアントの関心を高めます。そして、リモコンをクリックして先に進もうとします。が、画面は変わりません。リモコンを直接ノートパソコンに向けてもう一度クリックするも、やっぱり駄目。何度クリックしても何も変わらず、意気消沈するばかり。

彼はおろおろしてクライアントに謝り、一番重要なところなのに本当に困ったと話します。そして、最後にもう一度だけ試してみると言い、彼がリモコンをクリックすると、今度は……やった！　スライドはちゃんと進み、彼は勝利の笑みを浮かべたのです。

このアクシデントによって、彼は首尾よく人々の関心と期待を高めると同時に、その共感を得ることもできました。本当は彼がリモコンのミュート（消音）ボタンを何度も押していただけだなんて、誰にも分かりません。このミュートボタンと多少の演技力だけで、彼の「戦略的失敗」は完全に人々の信じるところとなったのです。

重要なセリフの後に「ドラマチックポーズ」

あなたが人に向かって話しているとき、相手の関心は2つに分かれているのが普通です。半分は今あなたが話していることに、半分は自分が次に何を話すかに向けられているのです。

でも役者たちは単純なテクニックを使って、人々の関心のすべてを引きつけます。

そのテクニックとは……沈黙です。

これは、演劇の世界で「ドラマチックポーズ」と呼ばれるものです。何か重要なことを言った後、そこでいったん中断するのです。すぐに次の論点に進んではいけません。

あなたの言葉が染み込むのを待ってください。

中断している間、人々の頭の中はどうなっているのでしょう。外部からの情報――あなたの声——が途絶えた状態で、聞き手は自分の考えのみに集中することができます。まるで無言の声が「どうしたんだ？　なんだ、独りぼっちになっちゃったよ。ちょっと、今聞いたことを考えてみよう」と言っているかのように。

人間の記憶における「親近」効果は、心理学の調査によって立証されています。一般的に、人間は一番最後に経験した物事をよく記憶しているそうです。たとえば私が食料品のリストを読み上げたとしたら、最後か、最後から2番目に聞いた食品があなたの記憶に残る確率が高いわけです。

ドラマチックポーズにも同じ効果があります。人は最後に聞いたことを覚えています。中断して沈黙の時間をつくれば、相手は気を散らすことなく、こちらが最後に口にしたことを熟考してくれるのです。

何か重要なことを言った後は、必ず話を中断することを忘れないでください。沈黙はあなたのプレゼンテーションに味わいを与えます。音楽は音符だけでなく、音符の間の休止符がなければ成り立たないことを、ミュージシャンは知っています。一瞬の静寂が人の心を引きつけるのです。

印象づけの秘訣は「五感のフル活用」

ビールを注ぎ、グラスを掲げ、友人のグラスと合わせて、乾杯！　そしてガブガブ飲んで、いつものほろ酔い気分を楽しむ。この儀式はビールを飲む楽しみの一部です。ビールを飲むという行為には必然的に4つの感覚が関係しています。目でビールの泡を眺め、鼻で香りを嗅ぎ、舌で味わい、指でグラスについた水滴を感じます。

ここにかかわっていないのは聴覚だけです。でも、グラスとグラスを合わせたとき、耳もやはりこの過程にかかわることになります。このカチンという音によって、あなたの五感は総動員されました。これで、五感のすべてを使った体験となったわけです。

私はより多くの感覚に訴えることで、トリックの効果をより強く印象づけられることに気づきました。マジックとは本質的に視覚芸術です。マジシャンが何をしているかが見えなければ意味がありません。でも、観客の興味を持続させるためには、視覚に訴えるだけでは不十分。**聴覚や触覚を刺激することによって、観客をさらに深く、あなたの世界に引き込むことができるのです。**

たとえば、私の左手に1ドル硬貨が3枚載っています。その硬貨を重ね、音を立てないよう右手のこぶしの中に置きます。そのこぶしを開いてみると、コインは消えてなくなっています。なかなかのトリックでしょう？　でも、私はさらに観客の興味を引くために、このトリックを改良しました。

まず音を立てずにコインをこぶしの中に置く代わりに、コインを投げ込むことにしました。コインは右手のこぶしに入るたびに、互いにぶつかり合って音を立てます。そして、観客のひとりに前に来てもらい、私の右手首をしっかりと握ってもらうことにしました（つまり袖に何かを仕込むことはできないわけです）。

私が右手を開くと3枚のコインは消えてなくなっていました！　さあ、これぞマジックです。最初の実例よりもずっと説得力がありますよね。観客は何が起きているかを見るだけでなく、聞いたり感じたりすることができたわけです。

実生活のコミュニケーションにおいても、次のことがいえます。それは、**自分の考えを述べる際に、複数の感覚を連携させると効果的**であるということです。

何かを話すだけではなく、話しながら図表を示すと効果的です。人に何かを手渡すのもいいでしょう。それから、部屋に独特な香りを漂わせておく方法もあります。ホテルやブティックでもやっていますね。どうぞあなたも実行して、あなたのオフィスや職場を訪れた人たちをリフレッシュしてください。私もショーの前には必ず行っています。

複数の感覚を刺激して成功した実例がもうひとつあります。ある患者が診察室に自分の骨粗鬆症について相談しにきました。医者は、新しい薬を使わなければ彼女の骨はさらにもろくなってしまうと口頭で説明します。でも彼女はよく理解できないようです。どうも話が通じていないと考えた医者は、机の陰から骨格をかたどった人体模型を取り出しました。彼は彼女に模型の骨を自分で動かしてみるように言い、新しい薬を飲まなければ骨格がどんなふうに悪化していくかを納得させようとしました。その視覚教材に触らせたとたん、彼女は医者が言わんとしていたことを完全に理解したのです。

この医者と同じように、自分のメッセージに、ひとつでも多くの感覚刺激を加えるように常に努力すれば、相手はより素早くより完璧に理解してくれるようになります。**パワーポイントを唯一の視覚機器として利用するのはやめましょう。**これには、感覚を活性化するのではなく、鈍化させる傾向があります。

成功するプレゼンは「左から右」

これは私が最も大切にしている心理術のひとつです。このやり方は潜在意識に働きかけるので、観客はそこに心理テクニックが用いられているなんて、夢にも思いません。この秘訣の一番いいところは、私たちが子どものころから無意識のうちに従ってきた、身に染みついたパターンに基づいている点です。

私がもし140ページのような文字列を提示しても、あなたは何のことか分からないでしょう。でも、その次のページの文字列なら、ああそうかと合点がいきますよね。

要するに、同じ文字列でも、左から右に並んでいる場合は「正しい」感じがするのに、右から左だとぎこちない感じがするのです。これは、認知的不協和という心理学的法則に基づいた反応です。認知的不協和とは、すでに認識したり信じたりしていることと、新しく得た情報との間に矛盾があるときに感じる違和感のことです。

PONMLK

西洋文化では文章を左から右へ、上から下の行へと読んでいきます。小さなときからこれが正しい読み方だと教えられてきたため、真実として潜在意識に組み込まれています。ですから、この形に反するものは、ひどく目障りな感じがするのです。

さて、人を自分の主張に同調させるためには、この原理をどう利用したらいいでしょう？　観客の前に立ったとき、彼らの左側はあなたにとって右側になります。

ですから、**左から右へ動くための最も基本的な方法は、話しはじめるときにまず部屋の右側（観客にとっての左側）に立つことです。話をしながら部屋の中央へ移動していき、話の結論にさしかかったら部屋の左側へと**

歩いていってください。

この単純な動きによって、プレゼンテーションの開始と、中間部と、終わりとを、一般に認知された左から右の形に簡単にはめ込むことができました。

家に帰ってから、観客はあなたのプレゼンテーションを思い返すでしょう。そこにはある種の絶対感があるはずです。**人々が感じるこの満足感、合理性、あるいは幸福感は、あなたがスピーチの説明に対応して左から右へと動いた結果なのです。**

話している最中の手の動かし方によっても、この直感的な正当性に似た感覚を呼び起こすことができます。

エクササイズ9 信頼される身振りをマスターしよう

まず立ち上がって鏡で自分を見てください。そして右ひじを曲げる形で、右手を腰に当てましょう。次に左手を上げて、体の右側に持っていきます。お好みなら、左の人差し指を伸ばしてもいいですよ。

では、今誰かに話していると仮定しましょう。話の中で強調したいポイントになるたびに、体の右側にある左手を左に振ってください（143ページ上図）。**聞き手から見るとあなたの手は左から右にさっと動くことになり、これは潜在的に正しいという感覚を与えます。**このジェスチャーは話の流れに合わせて行うので、聞き手から心理的な抵抗を受けることはありません。

右と左を逆にすれば、結果も逆になります。この場合は左手を腰に当て、右手を体の左側から右側に振ることになります（143ページ下図）。この動きは聞き手を不安にし、話される内容やメッセージに潜在的な疑惑や不信の念を抱かせます。

正しい!

不安…

MAGIC 4

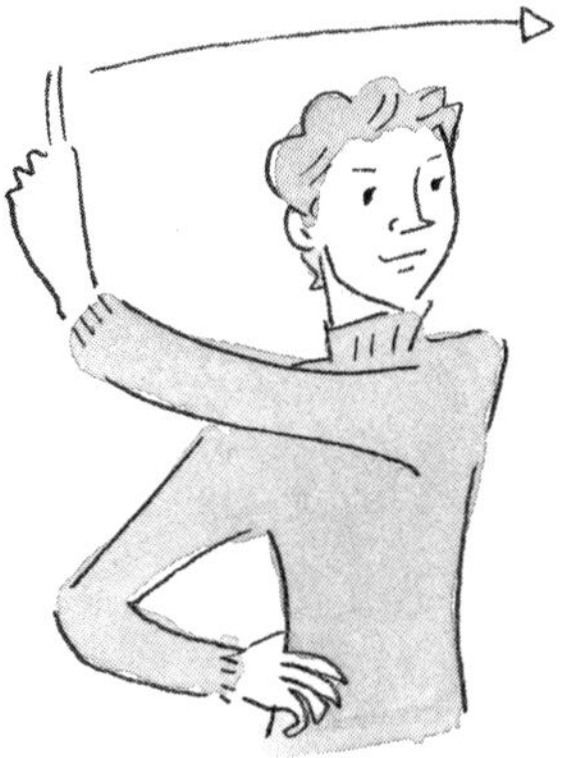

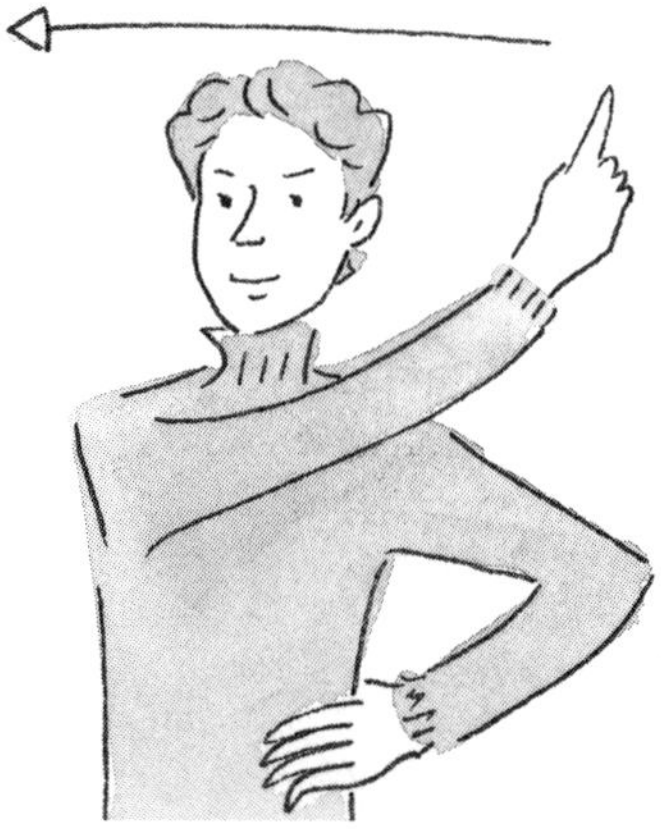

相手に安心をもたらす「3の法則」

意識するしないにかかわらず、私たちの生活は「3つ一組」に支配されています。この心理学的法則は、小さな子どもの頃に深層心理に組み込まれたものです。

思い返してみましょう。大好きなお話には必ず「始め」「中間」「終わり」がありました。3匹のくまもいましたね。アラジンは3つの願いをかなえてもらいました。駆けっこは「位置について、よーい、ドン」でスタートしましたし、何か重い物を持ち上げるときは、「せーの、1、2の3！」と掛け声をかけます。**何かの情報を聞いたり提供したりする場合も、3つ一組だと、なぜか「間違いない」気がするのです。**

この安心感は親密性から生まれています。この3つ一組の形に慣れているせいで、私たちは3つ一組で情報を提供されると好意的な反応をします。一方で、2つ一組で提供された場合は、3つめを求めたり心待ちにしたりして、それが与えられないと、何かが欠けているような不満げな反応をします。同様に、4つ一組になった場合は、情報が多すぎる感じがして、やはり嫌な反応をするのです。

マジシャンはこの気分が安らぐリズムを利用して、秘密の動作から目をそらさせるように、観客の期待を調整します。マジックのトリックで3つの品物を使うことが多いのは決して偶然ではありません。3つのカップ、3つのリング、3本のロープ、3枚のコイン、3枚のカードという具合です。こういうトリックのほとんどは、3つめの品物が登場すると、観客が一定の満足感を得るように構成されています。

コメディアンはこの「3の法則」の効果をよく理解していて、最初のジョークは足馴らし、2番目は盛り上げ、3番目はクライマックスという形にまとめています。そして、そのジョークがちゃんと面白ければ、観客はこのパターンにお決まりの反応を示します。最初は含み笑い、次に声を立てて笑い、最後には腹の底から笑うというわけです。

では、あなたのコミュニケーションをもっと効果的にするためには、この心理法則をどう利用すればいいでしょう?

人に何かの情報を提供するときは、必ず3部構成にしましょう。アドバイスが2つだけだと、相手は宙ぶらりんで待たされているように感じます。3つめを待っているのです。同様に4つだと余計な感じがするのです。

パーティーやバーで即興のマジックをする場合も、私はトリックを3つ演じます。うちとけた感じのショーなのでアドリブでやっているように見えるでしょうが、始めと、中間と、終わりがあるように入念に計算して構成しています。

すでにご存じのことと思いますが、この「3の法則」は、プレゼンテーションを完全な構成に整えるのに、抜群の効果を発揮します。

1　伝えたい重要テーマを3つ考えます。仮にA、B、Cとします。

2　3つのテーマのうち、Cが一番印象的になるように構成します。

3　これから話すことを観客にあらかじめ伝えます。「今日はA、B、Cの3つのテーマについてお話しします」

4　観客にA、B、Cについて話します。

5　話したことを確認して話をまとめます。「今日はAを提案し、Bを明確にして、Cの重要性について話し合いました」

小説や、映画や、テレビのホームコメディー番組のようにもっと複雑な話では、さらに一歩進めて「3つ組の三部作」を提供します。この形になると、独立した3つの話があり、それぞれに、始まり、中間、終わりがあります。最後には3つの筋が交ざり合い、別々の話がひとつにまとまって、観客に満足感を与える形で話全体が結末を迎えることになるのです。

今度映画やテレビ番組を見るときは、「3の法則」がどのように使われているかを確認してください。ただ見ているだけでは駄目ですよ。シナリオ作家が話を最も面白くするために、どのように筋立てを工夫しているかを考えてください。ぜひともプロの作家たちから学んでほしいのです。

今度あなたが話したり、手紙を書いたり、自分の意見を説いたり（↑これも3つ一組です！）するときは、先ほど述べたように3部構成を意識してまとめてください。聞き手がどれだけ快く受け入れてくれるかが分かれば、きっと感動しますよ。

この構造がしっかりしていれば、あなたは自分の意見を「伝えること」に集中することができます。観客が熱心に聞いてくれて、しかもあなたの味方であることはすでに分かっているんですからね。

相手の興味をコントロールする「山と谷の法則」

どんなに面白い話でも、興味津々の状態を長く持続することは不可能です。リラックスしたり、集中しなおしたり、再び考えに身を入れるためには、小休止が必要です。

評判の高いマジックショーはこのことを念頭において構成されていて、入念な計画の上に「山と谷」を設けています。マジシャンは、感動と興奮を豊かに構成することにより、覚えてほしい部分に光を当て、見落としてほしい部分は「薄暗く」しているのです。

それぞれの「山」の頂は、**強調の瞬間**――ドラマチックな緊張の瞬間――を示します。この緊張の反対にあるのが、「谷」すなわち、**弛緩の瞬間**です。こういう山と谷（もしくは緊張と弛緩）がなかったら、マジックのパフォーマンスは単調でつまらないものになってしまいます。

では、公開討論会や個人的な議論の場で、あなたの話を魅力的にするためにはどのように山と谷（強弱）をつけたらいいでしょう。これからそれを学んでいただきます。

トリックのフィナーレなど、ここぞというときになると、マジシャンは愉快な口上や鮮やかな色彩、興味を引く小道具などを使って、その場面の重要性を強調します。それが最高潮に達した瞬間に、マジシャンは観客の注意をほどよく緩めさせ、大事な秘密の動作を行います。

実際、観客がいつも秘密の動作を「キャッチ」できないのは、観客が興奮の後のリラックス状態にある「オフビート」のときに、マジシャンが動作を行っているからです。前に述べたとおり、マジシャンは演技の各段階で観客が何を考えるかを綿密に計算しています。だから**秘密の動作をする最高のタイミングは、観客の関心がどこかにそれたときだと分かっているのです。**

舞台において、観客を最後に感動の頂点に押し上げるためには、パフォーマンスを徐々に盛り上げていくことが一番効果的です。山と谷が規則正しいパターンで繰り返されていくと、観客はあなたのパフォーマンスに一定のリズムがあることを感じとります。そうなれば、後はもう大丈夫。観客はあなたと一緒にトップに駆け上がって興奮を味わい、リラックスしながらまたベースラインへと落ちていきます。好奇心いっぱいで山の頂まで登り、興味が薄れた状態で谷底に落ちるのです。

でも、このサイン曲線が水平ではなく、左から右へと斜めに上昇していったらどうでしょう？　山の頂は前の頂より徐々に高くなっていきます。谷底もまた前のものより低くなっていきます。そうなると、リラックス状態とはいえ興味の薄れたベースラインまでは戻らず、活発な興奮状態にいることになるのです。フィナーレを迎える頃には、リラックスしていても気分はハイになっているので、観客の精神は非常に高揚していることになります。

主張するポイントは最後までとっておく

では、マジシャンではないあなたは、この「山と谷」の法則をどう仕事に生かすことができるでしょう？　この答えもまた簡単です。アピールする箇所を残しておくために、スピーチや説明、意見の最重要ポイントは、最後になるまでとっておくことです。

演劇の世界では、俳優は最初のシーンから怒鳴ったり叫んだりしてはいけないと教えられます。そういう緊張の段階からさらに盛り上げていくことは難しいからです。映画『夢のチョコレート工場』（1971年）でウィリー・ワンカを演じたジーン・ワイルダーの素晴らしいパフォーマンスを思い出してください。最初は冷静沈着だった男が、映画の後半には人の心をつかんで離さない超元気印に変身するのです。

相手がひとりであろうと、1000人であろうと、考え方はこれと同じです。**落ち着いて話を始めましょう。早く要点に飛びつきたいという気持ちを抑えるのです。**

それにはある程度の自制が必要です。全員に注目される中で、その関心を早く自分からそらしたいと思うのは普通のことです。そういうプレッシャーに負けて、自分の頭を占めている考えをいきなりしゃべってしまう人はたくさんいます。そして、議論やスピーチの場で、後は何も言うことがなくなってしまうのです。どうぞこういう過ちを犯さないでください。

それよりも、最初の主張をしたら、いったんトーンダウンするのです。そして次の主張を一度目より熱意をこめて行い、またトーンダウンします。そして最後に、先にいくつかの山頂を極めた後で、最終的な主張――最も重要な主張――を行うのです。最終的な主張にすぐ飛びついたときよりも、ずっと素晴らしい反応があることは間違いありません。

「1週間の法則」でチャンスは必ず訪れる

私はマジシャンのマックス・マリニから「じっと待つ」ということを学びました。あなたも彼の生涯を学べば、何かしら得るものがあるはずですよ。

人の心理をあやつる達人マリニは、「ダーティーワーク」（秘密の動作をさすマジックの専門用語）を決して気づかれないためには、観客の注意をどう操作すればいいかを熟知していました。マリニが最も得意としたのは、観客に拝借した帽子の下から氷の塊を出すマジックでした。彼は観客の注意をよそに向け、その間に大きな氷の塊を帽子の下に滑り込ませるのです。その瞬間を見られたことは一度もありませんでした。

マリニの名アドバイスのひとつをご紹介しましょう。

「人が見ている間は動いてはいけない。観客があなたの手から目をそらさなかったら、待てばいいのだ」。どのくらい待てばいいのですか？「必要なら」マリニは言いました。

「1週間は待つべきだね。豹のように、獲物に襲いかかる瞬間を待つんだ。それで、絶好の瞬間が来たら飛びかかるんだよ」

1週間ですって！　実に意味深長なアドバイスです。人の注意の持続時間は毎年短くなり、人々に何秒間か余計に待ってもらうことさえ難しいこの時代に！

恋愛がうまくいくコツは「適切な時期を待つこと」

しかしマリニのアドバイスは、マジックの世界から離れた実社会でも役立ちます。もちろん、彼のアドバイスの「1週間」を言葉どおりに受け取る必要はありません。1週間待つという考えは、情報を提供するのに一番ふさわしい時期が来るまで、内に秘めておくという意味です。

あなたが待つ時間は、数分か、数時間、あるいは数カ月かもしれません。時間の長さにかかわらず、最も重要なことは適切な時期を待つことです。どんなに気持ちがはやっても、あわてて情報を明かしたり、行動を起こしたりしてはいけません。

恋人とお付き合いを始めたときなども、最初から多くを期待しないことです。時期を待って適切に行動してください。自分の感情を表すのは控え、相手の関心を常に引きつけておきましょう。あなたがひどく強引ではないことを知り相手は喜ぶはずです。

老子の教えにはこうあります。「濁りが静まり澄みきるまで待つ忍耐力があるか？しかるべき作用が自ずと生じてくるまで、動かずに待つことができるか？」

チャンスは自然とめぐってくるもの。無理にこしらえる必要はありません。マリニは自分が動くチャンスが来るまで、必要なだけ待ちました。無理に観客の目をそらさせようとはしませんでした。観客が自分のペースで目をそらすのを待ったのです。一見、相手に主導権を握らせているように見えますが、本当は相手を自分の手のひらに乗せていたのです。

あなたにも同じことができます。**あなたが物事の枠組みをつくり、相手をその枠組みの中で泳がせるのです**。あなたが境界線を定めたのですから、主導権はあなたの手の中にありますが、その場のすべての状況をコントロールする必要はありません。あまり重要そうに見えないことは相手にまかせ、大きな方向づけだけあなたが行えばいいのです。

人がいつかは顔を上げることを、マリニは知っていたのです。

「大使の自覚」を持つ

さあ、観客はついに顔を上げてあなたを見つめました。そこにはどんなあなたが映っているでしょう？　最後の助言は、テクニックというよりはお話です。でも、この話をきっかけに、自分が人前でどう振る舞っているかを見直していただければ幸いです。

先日サンフランシスコに滞在したとき、私はミスディレクション・マジックショップの経営者であるジョー・パウンと午後のひとときを過ごしました。ジョーは15年間ずっとフィッシャーマンズワーフに立ち続けている、ある大道芸人の話をしてくれました。

そのマジシャンはもう数えきれないほど自分の芸を演じていて、残念ながらまったく新味に欠けていました。硬いスチールのリングをつないだり離したりしているときも、まったく興味がなさそうなのです。視線を両脇にきょろきょろ走らせるばかりで、自分のトリックは上の空。２つの硬いリングをつなぐという、人には不可能に見えることをしているのに、投げやりで、チップを稼ぐことしか頭にないようです。

ジョーは不愉快になってそのマジシャンに話しかけ、相手の大切な役割に気づかせようとしました。「君はマジック大使なんだよ」と、ジョーは強く言います。「フィッシャーマンズワーフには世界中から数多くの観光客がやってくる。君は実際その人たちが生まれて初めて目にするマジシャンかもしれない。その人たちが君のパフォーマンスにうんざりしちゃったら、これから何年間も嫌だという気持ちを持ち続けるんだよ」

要するに、月並みなことをやっている余地はないということです。

あなたは自分が属する集団を代表する大使なのだということを忘れないでください。

セールスパーソンがだらけていたら、誰もその会社と取引しなくなります。あなたが社会組織や宗教団体に属しているのなら、あなたの態度は個人の範囲を超えた影響力を持つことになります。あなたは集団の一員として見られ、不幸にもその集団のイメージを落とすきっかけになることもあるのです。

マジシャンのせいで嫌な経験をしたことがあるイベントプランナーは、二度とマジシャンを使おうとしません。でも、素晴らしい仕事をするマジシャンだってたくさんいるのです。たまたま雇った芸人に嫌な思いをしたからといって、「マジックなんか駄目」ということにはならないはずです。でも、人はそう考えてはくれません。

今度あなたが誰かに自己紹介をして、個人的なやりとりをする場合は、**自分の役割の重さを思い出してください**。あなたは会社の代表です。組織の代表です。人はあなたとの交わりを通して、あなたの属する組織全体を評価するのです。

さあ、実行しよう

この章でお話しした「華麗なる心理テクニック」を活用すれば、あなたのコミュニケーションはさらに強力で魅力的なものになるはずです。初めは一度にひとつずつ試してみてください。聞き手の人たちの反応がまったく違ってくるのが分かるはずです。私の経験から言うと、たぶん一番楽しめるのは「戦略的失敗」だと思います。

でも、あなたのコミュニケーション技術がどんなに巧妙でも、あなた自身に魅力がなかったら成果は上がらないということを申し上げておきます。観客はカリスマ性のある人間に引かれるものです。次の章では、あなたが話しだす前から相手の心をつかんでしまえるように、あなた自身のカリスマ性を高める方法をお話ししましょう。

MAGIC 5

相手の気持ちを引きつけて離さない

カリスマになる方法

カリスマ性は後天的に身につけられる

私たちは、カリスマ性のある人に会ったとき、その人に何か特別なものを感じます。そして、その人に引きつけられ、近づいて、お付き合いをしたいと思うのです。

この章では、自分の中のカリスマ性を見いだし、高めるための秘密のレシピをお教えしましょう。この秘訣の多くは、私が仕事で社交界の集まりに参加した際、クライアントの方たちがゲストと触れ合う様子を見て発見したものです。

ニューヨークでもトップクラスの実力者たちがどんなふうに格好良く登場し、どうやってその場にいい雰囲気をつくりだして、人々の会話を盛り上げるかを私は見てきました。そして観察しているうちに分かってきたいくつかのパターンを、自分のパフォーマンスに取り入れました。

これは、あなたにも参考にしていただけると思います。**カリスマ性は天性のものではなく、学習して身につけることができるものです。**そして身につけるだけの価値があるものです。単なる話術の問題にとどまらず、カリスマ性はしばしば人を引きつける決定的要因になります。

以下にあるのは、私がカリスマ的な人間に共通していると感じる資質です。

カリスマ的な人間は、

①情熱的で、
②自信に満ちていて、
③ありのままの自分を受け入れることができ、
④人の思惑を気にせず、
⑤自分の専門にかけては第一人者で、
⑥他の人々のあこがれの対象である。

さあ、次項より順番に見ていきましょう。

カリスマの法則①

情熱をもって取り組む

話し手がエネルギーにあふれていれば、完全に興味を失っている観客さえも生き返らせることができます。**人付き合いにおいても、ビジネスにおいても、あなたの態度次第で相手の反応が変わる**ことを忘れないでください。

相手はあなたが意欲をかきたててくれるのを待っています。多くの人たちは価値のある刺激を求めています。あなたが熱心に話しかければ、その話の内容の重要性はちゃんと相手に伝わるものです。

私の高校の物理の先生はとても熱心に授業をして、自然科学に興味のない生徒さえ引き込むほどでした。他のクラスの生徒たちは物理なんか大嫌いと言っているのに、私たちのクラスでは次の授業が待ちきれないくらいでした。授業が魅力的だったのは、教材のせいではありません。その先生も他の物理の先生と同じカリキュラムを用いていました。違いを生んでいたのは、授業に対する先生の惜しみない情熱と強い意欲でした。

「話の内容」より「話し方」に意識を向ける

たとえ何百回となく言ったセリフであっても、初めて口にするかのように語ってください。人はすぐマンネリに陥り、いつも同じような口の利き方をしてしまうものです。頭の中で自動操縦のスイッチが入ったとたん、あなたは惜しみない情熱を失ってしまいます。観客はフレッシュなものと使い古されたものをちゃんと嗅ぎ分けるものです。

同じプレゼンテーションや同じセールストーク、同じ講義を何回もしていたとしても、そこにあぐらをかいてはいけません。

内容ではなく、話し方に意識を集中しましょう。内容はよく分かっているのですから、話し方を工夫する余裕は十分あります。**その言葉を初めて口にしたときのことを思い出し、そのときの情熱を取り戻してください。**そうすれば、演技したり、装ったりすることにはなりません。心からの行動になるのです。そのときこそ、人があなたに魅力を感じ、あなたの言うことに聞き入ってくれるときなのです。

カリスマの法則②

自信を示す

あなたが恐れたり、気おくれしたりしていると、観客にはちゃんと分かるものです。あなたがちょっとでも自信のない様子を見せれば、観客はすぐに興味を失います。

人は自信を示す人間に、自然と心を引かれるものです。今、私は「自信がある」ではなく、「自信を示す」という言い方をしました。**もしあなたに自信があっても、目立たないところに黙って立っているのでは、あまり意味はありません。**カリスマ的な人間はその立ち居振る舞いや話し方、話の内容によって、人々に自信を示すものです。

3章では、あなたが自信を披露《ひろう》するためにすぐに実行できるテクニックをたくさんご紹介しました。「どちらが先に目をそらすか」コンテストや映画館での練習を覚えていますか？　どうぞもう一度読み返してみてください。そしてもしまだ実行していないなら、ぜひ試していただきたいと思います。

カリスマの法則③

ありのままの自分を受け入れる

人は、ありのままの自分を受け入れている人物に魅力を感じます。あなたがもし自分の容姿に不満があっても、気にしなくていい。観客の関心は外見にはないのです。

コメディアンのジミー・デュランテは大きな鼻をしていて、その容貌は人に嫌悪感を抱かせるほど。でも彼は誇りを持ち、舞台後に必ず鼻をつんと高く突き出してみせていました。彼は1940年の最も愛されるエンターテイナーのひとりに選ばれました。

あなたが必死で気に入られようとしていると感じたら、相手は警戒心を抱きます。未熟なマジシャンは「さあ、まったく普通のトランプがあります」と言います。でも、観客は「なぜまったく普通だなんて言うのか。インチキ臭いぞ」と考えるのです。

自分に誇りを持ってください。あなたは独特の存在であり、人はその独特さに引かれるのです。**あなたが自分に満足すればするほど、人からもより魅力的に見えるはずです。**

カリスマの法則④

他人を気にしない

カリスマは、自分が正しいと思うことを行い、人から反対意見を言われてもたじろぎません。自分という人間に、そして自分が信じることに忠実であり続けてください。あなたがどのくらい動揺するかを、人は試すものです。意見を翻してはなりません。あなたが確固たる姿勢をとってこそ、あなたの主張がより明確になるのです。

社交界や仕事上の集まりで、誰もしないような質問をしてみましょう。周りに愚かと思われても気にしないことです。実は他の人たちも同じ疑問を感じていたのだけれど、人前を気にして言えなかっただけかもしれません。そういう人たちは、自分が言えなかったことをあえて口にしたあなたの勇気に感心することでしょう。**リーダーとは、自分の支持者が口にしたいと願っている意見をはっきり表明できる人なのです。**

もちろん、誰もがあなたに好意を持つわけではないでしょう。でもそれで十分です。出会った人のすべてに好かれる必要はありません。

人はおかしな理由で相手を嫌うものです。服装が気に入らないとか、態度が、付き合っている仲間が、名前が、もしくは息づかいが嫌だなどといった理由をつけるのです。中学のときに嫌いだったやつを思い出させる、なんて理由もあるでしょう。人種や宗教に対して偏見を持っている人もいます。

すべての人間を満足させることはできないという事実を認めてしまいましょう。そうしたいと願う必要などないのです。どんなにがんばっても、あなたの魅力にひれ伏さない人は必ずいます。それならば、達成できない目標に向かって努力して何になるでしょう。

すべての人にアピールしようとするのをやめることです。まず、この自分が気に入ればいいんだと決心しましょう。そうすれば、あなたのプレゼンテーションはさらに素晴らしくなり、人々の心をさらに引きつけることになるはずです。

カリスマの法則⑤

早めに実力を示して、後は謙虚に

観客は見事な技には拍手を惜しみません。オリンピック選手たちが見事な技を披露するのを見たとき、人々がどんなに感動するかを考えてください。観客はその選手がいかに過酷な練習に耐えてきたかを想像して、その人に特別なものを感じるのです。

偉大なものを目の当たりにしたとき、人は気持ちを強く動かされます。人間の能力に限界はないということに気づかされるのです。

ただし、決して自負心をむき出しにしないことです。自分をよく見せようと、自慢げに振る舞ってはなりません。**うぬぼれた人間ほど他人を興ざめさせる存在はありません。**あなたに実力があるなら、それをひけらかす必要はないのです。それよりも、「能ある鷹は爪を隠す」という日本の格言に従ってください。

自分の能力は控えめに述べましょう。しかるべきときにだけ示せばいいのです。人々が自らあなたの素晴らしい能力に気づいたとき、彼らはいっそう強く気持ちを動かされます。あなたは他にどんな能力を隠しているのか、もっと知りたいと思うでしょう。

そうやって、**人々が実際に目にしたあなたの特性と、そこから彼らが想像するあなたの（未だ隠されている）特性があいまって、あなたの評判が出来上がるのです。**

確かに、あなたの実力を示すべき時と場所はあります。たとえばプレゼンテーションを行う場合は、まず信用を確立するために、早めに実力を発揮するほうが効果的です。

私も、ショーが始まったら、すぐに難しいカードトリックを3つ連続で演じ、ちゃんとしたマジシャンであることを観客に確信してもらいます。でも、その後は調子を緩めます。ショーの後半では、これ見よがしに技を披露することはしません。

実力を示したら後は控えめに、が私の持論です。控えめなほうが訴える力が強いのです。ひけらかす必要はありません。相手が謙遜していると感じると、人は逆にその人の実力に感じ入るものです。あなたが何か素晴らしいことをやった後で、何ごともなかったかのように振る舞ったら、人はその謙虚さに心を和ませることでしょう。

カリスマの法則⑥

他の人たちのあこがれの対象になる

あなたには人生の手本とする人が何人かいるでしょう。あなたがその人たちに魅力を感じるのは、彼らにある素晴らしい特質が備わっているからです。あなたに欠けている特質を彼らが体現しているからこそ、あなたは手本として指導や助言を仰ごうとするのでしょう。彼らを真似ることで、いっそう高い水準に到達しようとしているのです。

人は、健康や成功、能力、強い道徳心、自制心、気力、あるいは意欲というような、自分も所有したいと願うものを備えている人間に心を引かれるものです。あなたがこのような特質を備えていれば、人はあなたの周りに集まってくるでしょう。

あなたに近づくことによって、自分自身も向上したいと願うのです。

カリスマは「時間」をあやつる

ここまではカリスマ性を6つの段階に分けて説明してきました。でも、カリスマ性を獲得する方法はこれだけではありません。カリスマ性については、コントロールという視点から説明することもできるのです。ここから、**時間**、**空間**、**言葉**、**外見**という4つの主要分野についてのコントロールを学んでいきたいと思います。

聞き手の理解するスピードを踏まえて話す

よく、話すときに勢い込む人がいます。私もそうでした。若い頃は矢継ぎ早にトリックを披露するほうが観客の注意を引きつけられると思い、急いで演技をしたものです。私にもっとペースを落とすよう教えてくれたのは、友人のマルク・ジッヒャーです。

マルクは、音楽と美術、舞台芸術の専門校である有名なラガーディア高校で、チェロを学んでいました。ある日、彼は練習中に先生から速く弾きすぎていると言われました。その先生は、「自分では遅いと感じるくらいに弾くと、聴衆にはちょうどよく聞こえるんだよ」と教えてくれたそうです。それはどういう理由からなのでしょう？

人が1分間に受け入れられる情報量には限界があります。情報を詰め込みすぎても、相手は少ししか理解できません。提供する側には分かりきったことでも、受ける側には初めてのこと。彼らの頭脳が新しい刺激を処理するには余分に時間がかかりますから、そういうときは、普段よりゆっくり話したり行動したりする配慮が重要なのです。

ゆっくり話して動くことのもうひとつのメリットは、自信に満ちて見えることです。私がこれまでお会いした成功者たちも悠長に振る舞う方たちでした。彼らは自分の言葉を大切にしています。あなたもそれを心がけてください。

ゆっくり話せば、相手はあなたが重要なことを話しているのだと考えます。あなたの話にはじっくり聞いてみるだけの価値があると感じるのです。もっとテンポを落として話せば、相手はあなたの言葉を待つようになります。こうして人と会話するときのペースをコントロールできるようになるのです。

相手を自分のペースに乗せる

私はいつも定時より遅れてショーを始めます。それは、**相手を待たせることができる人間が場の主導権を握る**ということを知っているからです。

ブロードウェイのプロデューサーも、観客の期待を高めるため、わざと10分遅れでショーを始めます。あなたも商談などで経験したことがあるでしょう。待たせる側の人間は、相手の心理に、これから起こることへの期待を膨らませています。人を待たせるとき、あなたは優位に立っているのです。

私は、アップテンポのダンス音楽がかかっているパーティーで仕事をしたことがあります。その音楽は私のスタイルとはかけ離れたものでした。こういう場合、その音楽に合わせて自分のペースを上げても、良い演技はできません。その逆に、私は観客を自分のペースに乗せてしまいました。ゆっくり落ち着いて演技をしたのです。**大事なのは、自分のペースを知り、どうしたら最大の効果をあげられるかを知ることなのです。**

カリスマは「空間」をあやつる

私には変な習慣があります。レストランで席に着くと必ずテーブル上の塩入れや皿、花瓶の位置を変えるのです。私の前を邪魔している物は、すべてどかしてしまいます。

そもそもは向かいの席の人の顔が見えなかったので邪魔な物を動かしたのが、この習慣の始まりでした。とても実際的でしょう？　花が邪魔で相手の顔が見えなかったら、脇に押しやるのが一番ですよね。

でも、この習慣には別の利点もあるのです。より広いスペースを確保すれば、自分の陣地を広げることになります。自分の周りのスペースの領主になるのです。自分の場所を広げることで、あなたは大物に見えます。それはあなたが周囲に溶け込むのではなく、その空間を自分に合うように変えるからです。

この心理術は、会議やオフィスワークなどに応用できます。たとえば会議で席についたら、まず自分の前に本を積み上げます。ノートでも分厚い本でもけっこうです。その本であなたが部分的に隠れるようにしてください。つまり、会議のメンバーにはあなたの体の一部しか見えないというわけです。そして、あなたが話す番が来たら、本の山を突然わきに押しやり、自分の前に広々とした空間をつくりだすのです。

「よく見えなかった」あなたと「完全に姿を現した」あなたとの対比は、会議の参加者たちに驚きを与えます。それで彼らの注意を引けるか？　もちろんです。これは人の心理に基づいた作戦です。他の人たちはあなたの意見に耳をそばだてるしかありません。すでに彼らの目が、あなたは傾聴に値する人物だという信号を送っているわけですから。

距離を近づけることで相手の欲求を高める

また、人の目に映る印象を変えることはそう難しくはありません。空間をコントロールする方法を学べば、自分に対する人の見方を変えることができます。私はジーン・アンダーソンを見ていて、このことを学びました。彼は大物のマジシャンで、ダウ・ケミカルの重役だった人物です。

ジーンは人と1対1で話すとき、相手に真っ向から取り組みます。話しながら、彼は相手にとても近寄るので、彼の顔が相手の顔のまん前に来ます。相手の視界は彼の生き生きした目と温かな微笑でふさがれてしまうのです。まるで、相手には彼が全世界であるかのように見えます。他に気を散らしたり、視線をそらしたりする余地はありません。本当にすごい人間関係づくりのテクニックです！　その結果、人々はジーンを大好きになるのです。（これを試すときは、事前にブレス・ミントを飲むことをお忘れなく）

実は、この場面にも心理法則が働いています。**人間は対象に近づけば近づくほど、それを手に入れたい欲求が高まるのです。**

たとえばサッカー観戦に行くと、スタジアムの入り口に近い人のほうが、列の後ろにいる人よりも前の人を強く押す傾向があります。もう少しで中に入れるからです。中に入りたいという欲求は、近づくにつれてより激しくなります。

この考え方はなんでも当てはまります。自分が運転しているときのことを考えてください。高速道路の出口に近づくと、スピードを上げる傾向はありませんか？　ゴールが見えてくると、それをさらに素晴らしい形で達成したいという欲求が高まるのです。

カリスマは「言葉」をあやつる

何を言ってもうまくいく日というのが誰にもあるものです。そういう日は、自分の言いたいことがすらすらと口をついて出て、言葉遣いもぴったり。皆があなたに注目し、あなたの意見に笑って応えてくれます。さて、毎日をこんなふうに「絶好調」にする方法があるのです。

多くのエンターテイナーと同じように、私も何か気が利いたことを言いたいときのために、日ごろからジョークや面白い話をたくさん書きとめています。**コメディアンがアドリブで何か言ったように聞こえるとき、本当にアドリブで言っていることはほとんどありません。**実は、以前に言ったことのあるセリフや、頭の中に書きとめてあったセリフを使っていることが多いのです。ここぞというときに、彼は「どこからともなく」うってつけの言葉を引っ張り出してきて、すべての人を笑い転げさせるわけです。

これとほぼ同じことがあなたにもできますよ。でも、ジョークを書きとめる必要はありません。その代わり、言葉や短い言い回しをメモしておくことをお勧めします。それで大丈夫。

自分のボキャブラリーを常にカスタマイズする

私が会った成功者たちは、言葉を正確に使う人ばかりです。彼らは適切な言葉を用いて、自分の意図を相手にきちんと伝えています。しゃれた言葉をひけらかすのではなく、必要とあれば専門用語を使って自分の考えを明確に述べます。

私はマジシャンとして、何を言うかが、何をするかと同じくらい大事だということを学びました。話すときの言葉遣いによって、人の考え方を左右することができるのです。**優れた話し手になるひとつの方法は、好きな作家を見つけて、その生き生きした言葉を自分の言葉遣いの中に組み込むことです。**また、時流についていくために『ニューヨーク・タイムズ』を読み、科学技術や文化、ビジネス分野で使われている言葉を理解するのも大事なことです。人とは一味違った言い方ができるよう、自分がいつも使う言葉をカスタマイズしておきましょう。私はそのために単語帳を整備しています。

エクササイズ10
気になる言葉をメモする習慣をつくろう

最初はポケットサイズのメモ帳を用意します。いつも携帯できる大きさであることが大事です。あなたにとって特別な言葉や言い回しを見つけたら、すぐにそれを書きつけてください。その言葉の響きや印象が好きな場合もあれば、その言葉が意味するものが好きな場合もあるでしょう。あるいは、その言葉が楽しい思い出を呼び起こすのかもしれません。理由はともかく、その言葉をメモに書きつけておきます。そして、病院の待合室や、信号待ちの車の中などでページをめくり、自分が覚えたい言葉を選び出して、読み返します。

次に、その言葉を日常生活の中で実際に使ってみましょう。なるべくぎこちなくならないようにしてください。その言葉がぴったりくる場面は必ず訪れます。言葉は使うことによって自分のものになります。常に意識していれば、自分の会話の中に取り入れる機会はすぐ見つかるはずです。

私は日本語を勉強する際に、このテクニックを徹底的に活用しました。まずページの左側に、自分が習得したい新しい言葉を書きます。ページの右側には、その言葉を使った文章を書き入れます。自分で言葉を選んでいるので、その言葉を最初に耳にしたときに、どんな文脈で使われていたかはよく覚えているはずです。これなら、誰かが無作為に選んだ言葉を覚えるより、ずっと効率的です。その言葉の記憶を常に新たにしておくために、自分用の手作り単語帳を一日に何度もめくってください。

調査によると、**人が言葉を「自分のもの」にするには、実際の会話で3回使う必要があるのだそうです。**さあ、あなたもそれに挑戦してみましょう。きっと今よりさらに魅力的で明確な話し手になれますよ。

つなぎの言葉を取り除く

あなたにもうひとつマスターしていただきたい技術は、つなぎの音や言葉を取り除くことです。つまり、「ウーン」「あの」「その」「えーと」といった言葉です。

こういう言葉は、あなたの言うことをあいまいにし、自分の話の内容をちゃんと分かっていないかのような印象を与えます。試しに、自分の電話をテープレコーダーに記録して、どのくらいつなぎ言葉を悪用しているかを確かめてみてください。たぶん、悪い意味でびっくりするはずですよ。

大事なことは、なるべく正確に話すように努力することです。**「えーと」と言いそうになるたびに、黙ってください。その間《ま》は人を待たせるのです。**

「一語も逃さず熱心に聞く」という言い方をご存じでしょう？　普段ならつなぎ言葉を使ってしまうようなときに、言葉を切ることによって、あなたは観客に一語も逃さず熱心に聞いてもらえるようになります。

必要より少し大きな声で話す

ボキャブラリーが確立し、その正確かつ独特な話し方で人に耳を傾けてもらえるようになったとき、あなたはこれまで以上に注目の的になるでしょう。自分の声が相手にちゃんと届くようにするためには、恥ずかしがってなどいられません。はっきりと話してください。

私はエンターテイナーとして声のボリュームを上げる方法を身につけました。**ステー**

ジの上では、少し目立つ言い方をするよう心がけています。

話すときの声が小さ過ぎると、相手は耳を澄まさなければなりません。でも、必要より少しだけ大きな声を出せば、人は何かと思ってあなたに顔を向けます。そして他の誰もがあなたの言葉に耳を傾けていることに驚くはずです。彼らは好奇心に動かされてあなたに注目し、あっというまにあなたの話に夢中になることでしょう。

ただし、相手がひとりの場合は例外です。この場合は無理に大きな声を出す必要はありません。実際、私は**たったひとりの相手と話すときは、わざと低い声を出します。**そうして、相手が私に近寄ってきて注意して聞かなければならないように仕向けるのです。

カリスマは「外見」をあやつる

人は何でもコントロールできますし、コントロールしなくてはいけません。

自分の足下を見下ろしてください。あなたは磨り減った靴を履いていませんか？　だとしたら、誰かが今日はその靴を履けと言ったわけではありませんよね。**あなたの身につけている物はすべてあなたが選択したものです。**

もしもあなたが立派な靴と磨り減った靴を持っているなら、磨り減った靴は捨ててください。人はちゃんと見ているものです。子どもの頃、新しい靴を下ろしたときのことを思い出してください。それを履いて登校したとたん、他の子どもたちはどう反応したでしょう？　「新しい靴だ！」と、寄ってたかって皆につま先を踏まれたかもしれませんね……。

こういう細かなことに対する注意力は大人になっても変わらないものです。**女性は、**

出会った男性の3つの点――目と腕時計と靴――に注目すると言われています。どうぞ、自分の外見の細かな点まで気を配ってください。人はちゃんと注目しています。そうそう、髪型にも気をつけてくださいね。

最高の洋服を身にまとってみよう

私は幸運なことに、クライアントたちにニューヨークのメトロポリタンクラブや、フロリダのボカラトン・リゾート&クラブのような会員制クラブに度々招かれ、マジックを演じる機会を持つことができました。

こういう会員制クラブのメンバーはいかにも存在感の漂う服装をしています。高級な生地、細かな模様の服、そして特徴のあるアクセサリー。私はその人たちがどんなタイプの服を着ているかを覚え、その記憶をもとに自分も同じような服を手に入れました。

おしゃれな人たちに触れることによって、自分もおしゃれになることができます。おしゃれの感覚は生来の才能ではありません――優れたファッションセンスを身につけるには手間をかける必要があるのです。

知識を増やしたかったら、街で一番いい服を売っている高級品店に行くことです。店内を歩き回って、服に触ってください。生地の感触を味わうのです。そして店で最高の服を、恥ずかしがらずに試着してみましょう。高級服に身を包んだときにどんな感じがするかを体験してみましょう。あなたを素敵に見せ、素敵な気分にしてくれる服を見つけたら、それは投資するだけの価値がある服です。

ショッピングをしながら、他の買い物客にも目を配りましょう。人は買い物に来るときには、最高にめかしこんでいるものです。幸運なことに、その人たちの着こなしを見るだけでもたくさんのことを学べます。彼らの服装があなたのお手本になるのです。

あなた独自のトレードマークを見つけよう

それから、何かあなたのトレードマークになる小物も購入しましょう。バタフライペンダントとか、変わった形の眼鏡とか、いつも身につける類のものです。

エンターテイナーは独自の格好を考えて、何年にもわたりそれを自分の売りにします。あなたも同じことができますよ。これこそ自分のスタイルだと人にアピールできる物を見つけてください。

私の美しいクライアントのビオリー・マッコーズランド（銀行家）は、長くゆったりとしたショールでいつも肩を包んでいて、それが彼女のトレードマークになっています。アルドン・ジェイムズはグラマシーパークのナショナル・アーツ・クラブの会長ですが、手で結んだボウタイを着け、ねじれたメタルキャップのペンを胸ポケットからのぞかせています。このように目立つ小物は、その人間の個性を際立たせるのに役立ちます。

初対面の人に駅に出迎えてもらうとき、「青いコートにカーキ色のズボンをはいています」と、「赤と黄色の羽根のついたグレーの中折れ帽を被っています」とでは、どちらが分かりやすいでしょうか？

カリスマ性とは、人間の特徴の中でも最も不可思議なもの。あなたがカリスマ性を感じる人たちの話し方や立ち居振る舞いを観察してください。あなたが敬服する特徴を備えた人がいたら、それを自分なりのやり方で見習いましょう。

ただし、単に真似をするのでは駄目です。そうではなく、自分に自然と馴染むように変えていくのです。小説家のハーマン・メルビルはこう書いています。**「人の真似をして成功するより、独創的なことをして失敗するほうがいい」**。あなたもどうぞ頑張って独自性を発揮してください。カリスマ性はそこから生まれるのです。

MAGIC 6

相手の状態や
頭の中をスパッと見抜く

読心術

人間観察力を高める練習をしよう

マジシャンにとって観客は一人ひとり違います。観客にはたらく集団力学も、毎晩違ってきます。それにちゃんと対応するために、私は観客の心を読むのです。そうすることで、どのようなステージでも効果を上げることができます。

この章では、私が学んだことの一部をあなたにお分けしましょう。これからお話しするのは、あなたの観察力を高めるための練習方法です。あなたが取引先や友人、異性の心を読むために欠くことのできないものなのです。

エクササイズ 11 ― 暗闇の中で100歩！

公園など、何にもぶつからずに100歩まっすぐに歩けるような広い場所に行きましょう。そこで、目を閉じて歩くのです。心配はいりません。実際は10歩ずつに分けて歩きますので、それほど危険はありません。

【ステップ1】 まず目を閉じて10歩進む。心の中で歩数を数えながら歩くこと。

【ステップ2】 10歩進んだら一瞬目を開けて、周りの状況をできるだけ多く頭に入れる。あなたの目はカメラのシャッター。ほんの一瞬だけ開くようにする。

【ステップ3】 目を閉じて、もう10歩進む。10歩進むごとに目を開けて、自分の目の前にあるものをすべて記憶しよう。マンホールのふたがあったり、道が曲がっていたり、小さな動物がいたりしないだろうか？　この10歩を10回繰り返す。

目を閉じたら、後は自分の記憶だけが頼り。歩くリズムを乱さないように気をつけること。最初はぐらぐらして不安な感じがするが、大丈夫。たった100歩だけ歩けばいい。練習するたびにどんどんうまくなるはず。

10歩進むたびに、あなたの頭は視覚的な刺激を求めてうずうずするだろう。だから、ほんの一瞬目を開けただけで、頭の中は大量の情報で満たされることになる。普段なら視界の片すみにしか映らないような細かなことも認識できるようになり、前よりずっとたくさんの物が、より鮮明な色彩とともに記憶に刻み込まれるようになる。あなたの生存はこれにかかっているのだから。

【ステップ4】比較的安全な場所で自信をつけたら、今度は街の人ごみの中で試みよう。私は、ニューヨークのグランドセントラル駅でもこれを行った。雑踏の中を歩く場合は、ほんの一瞬目を開けたすきに、公園のときよりもずっと多くの情報を記憶しなければならない。そうするうちに、人の動きを予測したり、相手との相対距離を覚えたりできるようになる。私は何年もこのトレーニングを続けた結果、人や犬、ベビーカーにぶつからないためには、いつ足を止めればいいかまで分かるようになった。

この練習によって得られることは、観察力が鋭くなることです。あなたは一目でより多くの情報を収集できるようになります。そうすれば、相手がまったく気づかないうちに、人の心を読むことができるのです。

一言も話さないうちに相手の内面を見抜く方法

シャーロック・ホームズは、初対面でも一目見ただけで、相手のプロフィールや心の中を言い当てます。もちろん、ホームズは霊能者でも何でもありません。ただ、ものすごく観察力が鋭いだけなのです。

あなたも同じことができます。誰かに会うたびに観察力を発揮し、一瞬のうちに身体的特徴を、できるだけ多くつかむようにするのです。じろじろ見つめたら相手は不快に感じるでしょう。だからそっと盗み見て、瞬時に鋭い観察力を働かせるのです。

手を見るだけで、これだけのことがわかる

私はまず相手の手を見ます。手はその人物について多くを語ります。西洋文化では、

初めて会った人と握手をします。これは、一瞬目を落とすのにいい口実になります。指輪や時計、カフスボタン、ブレスレットなど、あらゆる宝飾品に目を配ってください。

たとえば、**指輪の側面に学校名が、時計の文字盤に会社名が、ブレスレットのプレートにその人自身の名が記されていないかをチェックします。**もし見つかれば、その人物に関する情報が増えて、その分あなたは優位に立つことになります。あの学校の卒業生だから、あの会社の社員だから、大体こういうタイプの人物だろうと推定することで、漠然とした存在だった人物が、一瞬にして明確な輪郭を持つようになるのです。

握手の際には、相手の肌の感触にも注意します。荒れているかすべすべしているか。固いか柔らかいか。荒れた手は大工や配管工、小売業といった業種の、柔らかくてすべすべした手は会社員や専門職（医者、弁護士、建築家など）の、それぞれしるしです。会社員が荒れた手をしていたら、彼はキャンプや魚釣り、またはゴルフのような趣味を持っていて、週末は戸外で過ごしている可能性があります。一言も話したり問いかけたりしないうちに、彼の私生活についての何らかの知識を得ることができるのです。

なぜ、そういう知識が大切なのでしょう？　**自分と相手との共通点を見つければ、より親密な関係を築くことができます。**ほんの小さな糸口を見つけることで、相手にふさわしい話題を自然に選ぶことができ、つまらない遠回りをしなくてすむわけです。

私はたとえば時計の文字盤にＩＢＭの会社名を見つけたら、その情報を小出しに示しながら、相手の心を読んでいるように振る舞います。

「あなたは分析的な思考に長けておられるように感じます。電子機器などに囲まれた環境で成功する方ですね。ニューヨーク州アーモンク市に心当たりは？　あ、名前が浮かんできました。サム・パルム。どなたの名前かはちょっと分かりませんが……」

これを聞いて、今会ったばかりの男性は大喜びするはずです。というのは、私が言ったのはＩＢＭ本社のある街の名前と、ＣＥＯのサミュエル・パルミサノの名前を短縮したものだったからです。周りの人たちは驚いて、私を霊能力者に違いないと考えます。

もちろんあなたは霊能力者のふりをする必要はありません。そこで、せっかく得た情報を上手に生かす方法をお教えします。簡単です。**気づいたことを口に出すのです。**

「おや、ＩＢＭにお勤めですか？　いや、時計が見えたものですから。私はオンライン取引の仕事をしているんですよ。あなたはどんな部署で働いていらっしゃるんですか？」

こんなふうに会話を進めればいいのです。観察によって得た情報を会話のきっかけにすることで、互いの距離を縮めることができますよ。

相手の頭の中をずばり読みとく感情移入トレーニング

日本に住んだことによって、私は読心術のいい練習ができました。

日本人は人の心を察する文化の中で生きています。彼らは、他人の考えや感覚を気にします。自分の行動が相手にどう思われるかを考慮し、相手を困らせたり、面子を失わせたりすることを嫌います。つまり「相手がどう考えているか」を常に考えるのです。

私は日本で生まれ育ってはいないので、練習によってこの技術を磨かねばなりませんでした。では、その練習方法をお話ししましょう。

エクササイズ 12

相手の心の動きを予想しよう

郵便局やレジのカウンター、レストランなどで、一人で何かの順番を待っているとき、少し離れたところにいる人に狙いを定めて観察を始めましょう。

その人が何を考えているかを想像してください。まず何を見ているかに注目し、自分がその立場にいたらどんな反応をするかを考えるのです。その人の状況にいる自分を思い描いてください。それが他の人間の身になって考える練習になります。

相手は離れたところにいるので、見るほうも見られるほうもプレッシャーは感じないはずです。その人が見えないところに行ってしまったら、ゲーム終了。また新しい相手を見つけてスタートしましょう。

練習するにつれて、だんだん相手の動きを予測できるようになります。まさに言葉どおり相手の心を読めるようになるのです

以前、セントラルパークでローラーブレードをしている若者を観察したことがあります。彼はスピードを出してバランスを崩し、ひっくり返りました。そして立ち上がると周囲を見回し、平気な様子で体をはたきました。転ぶところを皆に見られたので、わざと落ち着いて振る舞ったのです。そして何ごともなかったかのように、ローラーブレードで去っていきました。

私は友人に言いました。「見ててごらん。あの若者はきっとあのベンチに座り込むよ」思ったとおり、彼は立ち止まってベンチに目をやり、座り込みました。そして打ちつけたところを撫でさすり、いかにも痛そうに体を丸めたのです。

予測がぴったり当たったのは、その若者の立場に身を置いてみたからです。私が皆の見ている前でひっくり返ったら、たぶん「この中に知り合いがいないといいけど。友達に話されちゃったら、最悪だよ」と考えるでしょう。そしてみんなの注目の的となっている場所から、早々に立ち去ると思います。その後で、けがの具合をこっそり確かめたいと思うはずです。その若者は、まさにこのとおりに考えたのです。

人をきちんと観察するようになると、その人たちに感情移入する方法が分かってきます。そして、観察相手の行動と自分の感情とがとてもよく重なり合うことも分かるはずです。

ある状況に陥ったときに自分がどんな反応をするかを考えてください。他の人たちも似たような反応をする確率はとても高いのです。

無意識の反応＝テルを読みとる

遠くにいる人の行動を予測できるようになったら、次は近くの人で練習しましょう。前より近くなった分、心の変化が表情に出るのを見てとれるようになります。

ジェニー・ラボードは著書『ビジネスを成功させる魔法の心理学』（メディアート出版）で、こういう変化のことを「無意識のうちに表出している反応」と定義しました。人は自分がそういう信号を発していることに気づきませんが、観察している人にはそれが読みとれるものです。

ポーカーではそれを「テル（手がかりとなるしぐさ）」と呼びます。そういう信号によって、手の内を「語って」しまっているからです。このような「テル」を読みとる能力は、人の言うことが嘘か真かを見分けるときにとても役立ちます。

人と話をするときは、次のような微妙な変化に注意してください。

①顔色の変化
②顔面筋の変化と下唇の様子
③呼吸の変化

これらの特性を観察するだけでも難しいのに、ましてや変化なんてと思うかもしれませんが、まったく心配はいりません。注意して見るようになると、どんな小さな変化も見分けられるようになるものです。

赤いカードと黒いカード、反応の違いは？

私はカードトリックを始める前に、時間をとって観客に赤いカードや黒いカードを見せたりします。気軽に話をしながら、特定の観客に同じ色のカードを何枚かチラッと見せ、彼らの反応を確かめるのです。

秒ほど経ってから、2種類のカードに対する反応の違いに神経を集中します。たとえば、2列目の女性は赤いカードを見ると下唇がこわばるのに、黒いカードだと口元の筋肉がリラックスするとします。

トリックを始めたとき、私はその女性に近寄って、無作為にカードを引くように頼みます。そして選んだカードを確かめさせ、赤だったか黒だったかを頭に思い浮かべるように言います。私は彼女のあごと唇を観察し、引いたのが赤か黒かを判断するのです。

いや、本当は単に赤か黒かだけを判断するのではありません。練習を重ねることで、私はトランプの組札（♣、♥、♠、◆）と数値（1〜13）に基づいた反応の違いまで区別できるようになりました。ときにはトランプを片づけてしまい、参加者に一枚のカードを単に思い浮かべてくださいと頼むこともあります。その人の顔を観察することで、思い浮かべそうなカードを当てることができるのです。

もちろん、失敗する可能性はあります。でも、私は自分のパフォーマンスの参加者には、この人なら協力的だと思える人しか選びません。私の暗示に最も素直に反応する人々を見つけ出し、前に出てくださいとお願いしているのです。

当然ながら、すべての人間が同じ反応をするとは限りません。これさえあれば大丈夫という万能の処方箋はないのです。ひとつの行動を観察して反応を見極めることができない場合は、いくつかの異なった行動を観察することをおすすめします。

次ページ以降、その詳しいやり方をお教えしましょう。私の経験からいうと、観察の練習としては、一日にひとつのことに集中するのがベストだと思います。

3日間トレーニング①

「顔色の変化」に注目する

まず1日目は、人の顔色の変化に焦点を当てて観察します。人の顔色は刻一刻と変化します。これまで気にとめたことがない人は、きっとびっくりするはずですよ。相手の顔に表れる色を見てみてください。ピンクや、ブラウン、ブルー、パープル、オレンジ、イエロー、そしてグレーなどの微妙な色合いが見てとれるはずです。肌の色は濃淡のない単色ではなく、たくさんの色が混ざり合ってできています。そして、この色は、その人の気分や考え、精神状態によって、明るくなったり暗くなったりするのです。

あなたの今日の課題は、まず観察したうえで、相手に影響を与えることです。ある対照的な状態における顔色の変化を、3人の異なる人間について観察していただきます。友達、もしくは仕事仲間を3人ピックアップして試してみましょう。

まず、それぞれの相手について、何の刺激も与えられていない平静時の顔色をよく見てください。次に、**相手が恥ずかしがるようなことを、わざと口にします。**昔の失敗を思い出させたり、つい最近のミスを非難したりするのです。

相手はきっと赤くなるでしょう。肌の色合いの変化をよく見ると同時に、顔のどの部分にその変化が表れるかにも注目してください。頬のあたりがぽっと赤くなる人もいますし、顔全体が赤らむ人もいます。

次に、**その嫌な記憶を和らげるようなことを何か言います。**冗談や、愉快な話をするのです。そして再び顔色がどう変化するかを観察してください。私の経験では、楽しいことを思い出しているときは鼻の頭が赤くなりますが、恥ずかしがっているときはその部分は変化しません。赤くなる度合いは人それぞれで違います。

たぶん、あなたは相手の顔をじっと見つめたくなることでしょう。初めのうちは、それでもいいと思います。でも、だんだん上手になるにつれて、それほど熱心に見つめなくても変化を見分けられるようになります。

この章の後半では、こういう情報を生かして相手の考えや感情を読む方法についてお話ししようと思います。でもその前に、指標となるものをもう少し見ておきましょう。

3日間トレーニング②

「顔面筋と下唇」に注目する

2日目は相手の顔面筋の微妙な変化に着目します。相手が歯を食いしばったときのあごの骨のあたりの変化を観察してください。鼻孔も要注意です。何かに動揺しているとき、人はたいてい鼻孔を膨らませるものです。また、眉を上げるか下げるかして、額や眉間にしわを寄せる場合もあります。

友達と話しているあいだに、そのうちの3人に最近何か嫌なこと――スピード違反の切符、訴訟、何かのもめごとなど――があったら、話してくれないかと頼んでください。そして顔のどの部分が緊張したり和らいだりするかを観察し、3人それぞれのパターンを記憶しましょう。

それと同時に、下唇にも注目してください。**下唇を意識的にコントロールすることはできません。だからこの部分は人の心の状態を表す本当の指標になるのです。**あなたは、人が話しはじめる前に下唇がかすかに震えることにも気づくでしょう。それに、下唇はその人の気分によって、形や色、大きさが変化します。

それぞれの人について、下唇の変化のパターンを記憶し、そのパターンと本人が表している感情とを結びつけてください。それを心のアルバムに保存しておきましょう。後に、同じ唇のパターンを見たときに、心の中の写真と照合すれば、相手が一言も話さないうちに、何を考えているかを判断することができるのです。

3日間トレーニング③

「呼吸の変化」に注目する

さあ、3日目は、友達3人の呼吸パターンに挑戦しましょう。「挑戦」と言ったのは、人の呼吸は正確にはとらえにくいときがあるからです。

相手がネクタイやベスト、ぴったりした服を身につけていると、胸が上下するリズムを把握できなくなります。そのときは、その人の肩と首を見てください。相手が息をしているのは確かですから。きめ細かな観察を行い、呼吸のリズムを感じとりましょう。

さらに重要なことは、そのリズムがいつ変わるかに注目することです。**どのような呼吸の変化も、その人の思考の変化を表しています。**変化の仕方は人によって異なります。

友達の呼吸パターンを観察したら、それぞれに5つの質問をしてください。そして相手が口を開く前に、その人の顔に表れた信号に基づいて答えを予測してみましょう。きっとうまく当てられるはずです。何しろ3日間もトレーニングしたんですからね。

驚くほど当たる！相手のウソと本当を見抜く術

友達の中には、簡単に心を読みやすい人がいるものです。そういう場合は、その人を対象にして別のテストをすることができます。楽しみながら、相手の内面が読みとれますよ。

この中であなたは自分の感受性と観察力を駆使して、相手の言っていることが嘘か真かを判断することになります。相手の行動を読み解く「鍵」はすでに手に入れているのですから、当然すべて正解になるはずですよね。

では、やり方を説明しましょう。

エクササイズ 13 ウソ発見器ゲームをやってみよう

人間製ウソ発見器ゲームをやろうよ、と友達を誘ってください。これからする質問に、イエス・ノーで答えてほしいと説明します。

まず、相手がイエスと答えるはずの質問を3つしてください。たとえば友達がボブ・ジョンソンという名前で、黒いライトバンに乗っている配管工だとします。こんなふうに質問したらどうでしょう。

あなたの名前はボブ・ジョンソンですね?
あなたは配管工ですか?
あなたは黒いライトバンに乗っていますか?

次に、相手がノーと答えるはずの質問を3つします。

あなたの名前はジョー・ブラックマンですか?

あなたは歯科医ですか?

あなたは赤いフェラーリに乗っていますか?

お察しのとおり、こういう質問に対する彼の反応を見れば、イエスの反応とノーの反応を確認することができます。顔色や、唇周辺の筋肉の緊張、そして呼吸に注意してください。イエスとノーの反応の違いを比較しましょう。

その後も、あなたが答えを知っている質問を続けます。イエス用の質問、ノー用の質問を交互に切り替えてください。程なく、相手が無意識に表す反応のパターンをすべて識別できるようになるでしょう。

相手の反応をちゃんと見分けられると感じたら、次はあなたが答えを知らない質問にとりかかります。まず嘘を答えてもいいし、本当のことを答えてもいいと、相手に説明してください。

あなたはカリフォルニアで育ちましたか?

あなたは一番上のお子さんですか?

あなたはテニスのラケットを持っていますか?

あなたはロンドンに行ったことがありますか？
あなたはサーロインステーキが好きですか？

相手が口にした答えと体の反応とが矛盾していたら、あなたには明らかに分かりますよね。ノーの反応の緊張が顔に表れているのに、答えがイエスだったら、彼は嘘をついていることになります。そして、彼が示す無意識の反応がその答えと一致していたら、本当のことを言っているというわけです。その友達はまるで心を読まれているような気分になって、目を丸くするでしょう。

実際に試してみよう

次の課題は、この新しい観察力を実社会で使うことです。

この技術を使う機会は、1日を通してたくさんあります。対象は誰にしましょうか？最初は、あなたの上司や同僚、お客さん、そして知り合いなどがいいと思います。その人たちが無意識に表す反応を観察し、あなたの記憶と照らし合わせてください。もうご存じのように、一定のパターンが分かるようになるには、観察に少し時間をかけることが必要です。

私の場合は、ついさっき偶然会ったばかりというような相手にはこの技は使えません。だから、私が観客のマインドリーディングをしてみせるのは、いつもショーの終わりごろです。ショーの前半、私は彼らの発する信号を読みとります。その知識を後半に生かすわけです。そういう信号をちゃんと確認するチャンスがなかったときは、人の心を読もうとしてもうまくいきません。

気長に構えましょう。人のパターンを飲み込むのに時間をかけた分、後の正確さが増すことになります。

味方かどうかは「瞳」でわかる！

ある日、私はマジックショーを終えた後で、ある女性の観客からメールをいただきました。「自分はなぜデモンストレーションの参加者に選ばれなかったのでしょう？　他の人より、特に心を読みやすい人たちがいるのですか？」と。

答えは、イエスです。私は心を読みやすいと思う相手を意識的に選んでいます。私が求めるタイプの人たちの目には、共通した特徴があります。だから、そういう目をしている人は、私に選ばれる可能性がとても高いわけです。こちらのペースを落とすような人を相手にして、時間を無駄にしたくはありませんからね。

では、その特徴とはどういうものでしょうか？　簡単に言うと、私が注目するのは人の瞳孔です。瞳孔の大きい人を見つけたら、私はその人に向かって大事なメッセージや冗談を言います。**瞳孔の大きい人は反応がよく、とても協力的なのです。**

人間の瞳孔は、何か好きな物を見たときに広がります。これはたくさんの調査研究によって繰り返し実証されていることです。

ある調査では、同じ女性を撮った2種類の写真を、男性たちに見てもらいました。ただし、片方の写真については、女性の瞳孔のサイズを変えてありました。その結果、大多数の男性は、瞳孔が大きい女性のほうをずっと魅力的だと感じたそうです。

雑誌の編集者はこの知識を利用して、時々表紙のモデルたちの瞳孔を修整しています。スタジオの明るいライトの下で撮影していると、モデルの瞳孔は小さく縮まってしまいます。それで、編集者は雑誌の売上げを増やすために写真を修整し、モデルたちが売店の購買客により魅力的に見えるようにしているのです。

あなたもこの知識を応用することができますよ。出会った人たちの瞳孔をよく見てください。**あなたを見たときに、その人たちの瞳孔が大きかったら、それは好意の表れであり、見ている対象（つまり、あなたです！）を気に入っているということです。**これを無言の承認と受け取りましょう。その人はあなたの外見に魅力を感じているのかもしれません。少なくともあなたの意見に興味は持っているはずです。

（ただし、相手が怖がっている可能性もあります。あなたを見ている人の瞳孔が開いている場合、それは心惹かれているかゾッとしているかのどちらかです！　状況によって判断しなくてはなりません）

私はショーが始まったら、常にそのようにして、最も反応のいい人を早いうちに見定めておきます。そういう人たちに向かって演技をすると、最高の反応が返ってくるのです。そういう人たちを何人か見つけるだけで、観客全員の雰囲気を盛り上げることができます。私は、**反応のいい人たちを部屋のあちこちに12人くらい見つけるのがベスト**だと思っています。彼らの笑い声や興奮が、他の人たちに伝染していくからです。

もちろん大きなホールの演壇に立っているときは、一人ひとりの瞳孔をのぞくことはできません。だからこのテクニックは、中小サイズのグループ向きです。そして、もちろん1対1のときにも使ってください。

あなたに関心を寄せてくれる人たちは、あなたにとって何より大切な味方です。彼らを無視することのないように、適切な注意を払いましょう。

視線をそらさないことが関係を深める

3章では、見つめることによって自分の権威を主張し、自信を深める方法を学びました。シルバーバックのゴリラや、人を見つめる練習を覚えていますか？　あの章の練習を実行したなら、今のあなたは落ち着いて人の目を見つめることができるはずです。もしまだ練習していなかったら、すぐにページを戻って、一日中見つめる練習をしてください。

練習で鍛えた後でも、ときには顔をそむけたり、視線をそらしたりしたくなることがあるでしょう。しかし、それは絶対に駄目です。アイコンタクトには、見つめる側と、見つめられる側の双方の自信を深める効果があります。あなたは顔をそむけるたびに、相手の自信を削ぐことになります。両者の関係も弱くなってしまうでしょう。

相手の目を見つめ、視線をそらさないという単純な行為は、あなたという人間を相手に受け入れてもらい、あなたの意見に耳を傾けてもらうための最初の一歩なのです。

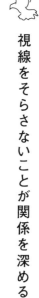

恋人の心をひらく魔法のアイコンタクト術

デートの相手に本心を打ち明けさせるための秘訣があります。心をひらいて本当のことを話してもらいたいときに、抜群の効果を発揮しますよ。では、お話ししましょう。

今度デートをするときには、**まず初めに相手の目をしっかりと見つめてください**。相手は何か特別なものを感じ、あなたの気持ちが自分に向けられていることを実感するはずです。最初のところは、これだけでいいのです。

デートの後半になったら、真剣なお付き合いや結婚というような微妙な話題に触れ、**相手の真意を探る質問をします**。そして、**質問したらすぐに視線をそらすのです**。自分のグラスに目を落としたり、横を向いたりしてください。レストランにいるなら、お皿をじっと見つめるのもいいでしょう。何にせよ、相手の目を見つめてはいけません。

相手は何かおかしいと感じるでしょう。あなたとのつながりが失われたような気になるはずです。そして居ても立ってもいられなくなり、自分の気持ちを誠実に包み隠さず話して、あなたの注意を取り戻そうとするのです。

一般的に、男性のほうがこの手に乗せられて心情を吐露する傾向が強いようです。相手があなたに心をひらいたなら、アイコンタクトを復活させて、さらに話を続けるように相手を勇気づけます。あなたは、再び注目されたいと思わせることによって相手にハードルを乗り越えさせたのです。

相手の関心を引き戻す効果的な質問テクニック

相手の関心が離れていると気づいたときは、質問をすることも効果的な方法です。でも、イエス・ノーで答えられるような質問では、相手の注意を呼び戻すことはできません。「フンフン」と言いながら上の空でうなずいて、さも興味のあるふりをするのは誰もがよくやることです。

相手の関心を高めるためには、答えが分からない質問——相手が何と答えるか予測できない質問をするのが効果的です。「ジョンソン氏の報告をどう思いましたか？」とか「今度の休暇はどこに行くの？」みたいに。

こういう質問は、相手の気持ちを現在に引き戻す効果があります。意識的に努力しなくては答えられませんからね。相手にスポットライトを当てることによって、再びこちらの話に引き込むことができるのです。

「目の動きの法則」を知れば人の思考は理解できる

人はまったく無意識のうちに、目の動きによって微妙なシグナルを発信しています。このいろいろな目の動きは、それぞれ特定の思考領域と結びついています。このシグナルを読む方法を身につければ、人の思考過程の理解に一歩近づくことになるのです。

心理療法家のバンドラーとグリンダーは神経言語プログラミングについて述べた名著『あなたを変える神経言語プログラミング』（東京図書刊）でこういう「手がかりにつながる目（アイ・アクセッシング・キューズ）」について探究しました。私はマジシャンとしてこの調査結果を長年パフォーマンスに生かしてきました。

まず次の3点を理解してください。

1　人が何か目に見える物に意識を集中しているとき、その目は上を向いている。

・右上を向いているとき――昔の思い出の中の何か目に見える物に集中している。
・左上を向いているとき――自分の想像上の何か目に見える物に集中している。
2 想像上の音に意識を集中しているとき、その目は脇か前方を向いている。
3 感覚や感情に意識を集中しているとき、その目は下を向いている。

人間の目に注意を向けるようになると、こういう目の動きがとてもはっきり見えることに驚くはずです。しかも、ほとんどの人間は、目を動かしていることを自覚していません。

次のエクササイズは、この調査結果に基づいています。どうぞ友達と一緒にやってみてください。その友達はあなたに心を読まれていると思うでしょうが、あなたは相手の目を真剣に観察しているだけなのです。

エクササイズ 14 ― 相手のシグナルを読みとろう

次の台本に従って友達に話しかけてください。

「公園を散歩しているところを想像してごらんよ。1羽の小鳥が飛んでいるのが見える。その小鳥が木の枝に降り立つ場面を思い描いてごらん。心の中で本当に小鳥を見ているように、特に羽の色をね」

「次は、大きな駐車場にいるところを想像してごらん。誰かの車の盗難防止装置が鳴っていて、すごくやかましい。その警報の音を思い浮かべてみるんだ」

「最後は、ピザを食べ終わったばかりのところを想像してごらん。そういうときは指が油でベトベトになるよね。その指をナプキンでどんなふうにぬぐうんだっけ？」

「君は3つのまったく別々の経験――小鳥と、車の警報音と、油っぽいピザ――を思い浮かべていたよね。ではその中のひとつに意識を集中して、もう一度心の中に蘇らせてごらん」

相手の目をじっくり見てください。先ほど説明した3つの動きのどれが表れるでしょう？　目が上に動いたら、その人は小鳥のことを考えています。横にさっと動くか、前を向いたままだったら車の警報装置を、下を向いたら、ピザのことを考えているのです。

相手がどれについて考えているか、あなたの考えを伝えてください。きっと感心してくれるでしょう。このゲームは何度でも繰り返せます。台本のジャンルさえ変えれば、また同じようにできますよ。

現実の社会でも、誰かがあなたに嘘をついている場合は、この目の指標を使って見分けることができます。

あなたがある人に質問をしたとき、相手の目がしかるべき方向に動いたら、その人は真実を言っている確率が高いです。でも、**目の動きが、口で言っていることと矛盾していたら、相手は間違いなく嘘をついています。**たとえば、上を向くはずのとき（何か目に見える物を思い出しているとき）に、固定したみたいに前を向いたままだったら、その人はでたらめを言っているのです。

MAGIC 7

会話を
思いどおりの方向に導く

マジックワード

思いどおりの言葉を相手から引き出す秘密の話法

ここまで紹介してきた内容をしっかり身につければ、あなたは確実に心理テクニックの達人になれるでしょう。あとはいくつかのマジックワードさえ使えれば完璧ですね。マジシャンはマジックワードを使います。ただし、それはみなさんが想像するような使い方ではありません。確かに、かつては「アブラカダブラ」「ホーカス・ポーカス」「プレスト」といった伝統的なマジックワードがあり、それらを唱えることで宇宙の不思議な力を引き寄せられると考えられていました。しかし今では、魔法の瞬間をつくりだすための演劇的手段に過ぎません。

この章で学ぶ現代のマジックワードは、あなたの日常にそのまま応用できるものです。一度このパターンをマスターすれば、いろいろな場面で自分に有利な結果を引き出すことができます。**すると相手はあなたの思い通りの反応をするようになるのです。**

気味の悪いマインドコントロールみたいに聞こえるでしょう？　でも、本当はとても単純なことなのです。

これから学ぶ基本的なワードパターンは、聞き手の潜在意識に直接働きかけるものです。私は神経言語プログラミング（ＮＬＰ）の勉強を通して初めてこれらを学び、そして十年以上も自分のパフォーマンスで使ってきました。マジックワードは単なる飾り物ではありません。マスターすれば、さらに上手に人に影響を及ぼせるようになります。

マジシャンたちは、これらのマジックワードをまとめて「言葉の細工」と呼んでいます。「言葉の細工」とは、「あやつる」を婉曲に表現したものとお考えください。そう、私たちは聞き手の反応を「あやつって」、期待どおりの結果を導き出しているのです。

「あやつる」という言葉の否定的な響きから、このテクニックを非倫理的もしくは不正なものと考える方もいらっしゃるかもしれません。でも、読んでいただければお分かりのように、言葉の細工はとくに陰険でもなければ、悪賢くもないのです。

それではページをめくって、勉強を始めましょう（←この言い方はパターン１「命令の二重構造」に従ったものなんですよ！）。

「○○して、そして△△してください」

（命令の二重構造）

あなたが私のショーを見にきて、客席に座っているとします。私が近づいていって、あなたにスペードのエースを手渡し、こう言いました。「立ち上がって、そして皆に見えるようにこのカードを持ってください」

数秒後、あなたは立ち上がって、エースのカードを皆に見せているでしょう。あなたが意識するしないにかかわらず、私はある特別のパターンを使って、自分の命令を実行させたのです。

私がもし「立ち上がってください！」と命じたら、たぶんあなたはいやだと答えたり、なぜかと聞き返したりするでしょう。命令に対して抵抗を示すのは自然なことです。同様に、私が「みんなに見えるようにこのカードを持ってください」と命じたとしても、あなたは決して気持ちよく承諾することはないでしょう。どうして自分がわざわざスポットライトを浴びなきゃならないんだ、と考えるはずです。

でも驚いたことに、この2つの命令をつなぎあわせると――**「立ち上がって、そしてみんなに見えるようにこのカードを持ってください」**――あなたは必ず命令に従ってくれるのです。どうしてでしょう？　そして私は、なぜあなたがそうすると確信できるのでしょう？　このテクニックは、とても単純なパターンに基づいています。

「〈命令〉そして〈命令〉」

1番目と2番目の命令を「そして（～して）」という言葉でつなげています。これを**「命令の二重構造」**といいます。聞き手はこういう形の情報に困惑します。どちらの命令に抵抗すればいいか分からなくて、結局両方の命令を受け入れてしまうのです。最初の命令に抵抗しようとしたとたんに、2番目の命令が下されるわけですからね。二重構造の命令に従ってしまうほうが、命令のどちらかに抵抗するよりも楽なのです。

もちろん、聞き手は私が述べたような手順を論理的に踏んでいるわけではありません。瞬く間に、そして無意識のうちに、この思考パターンを処理しているのです。自分があやつられているという意識はないでしょう。命令に従うことで、「正しい」選択を行ったように感じるはずです。

この二重構造の命令はさまざまな場面で今すぐに使うことができます。

家で――

「そのゴミを出して、そしてドアを閉めてちょうだい」

「2階に行って、自分の部屋を掃除しなさい」

デートで――

「こちらを向いて、笑ってごらん」

「こっちに来て、キスしてちょうだい」

オフィスで――

「2時に僕に電話をして、最新情報を伝えてくれ」

「この企画を仕上げて、そして終わったら私に知らせてくれ」

ウェブサイトで――

「ここをクリックして、私たちのサイトにお越しください」
「どうぞこちらに連絡して、なんなりとお尋ねください」

こういうパターンにはなかなか抵抗できませんよね？　**このように「命令の二重構造」には、本人が思ってもみなかった行動を起こさせる力があるのです。**

相手があなたに権威を感じる場合、「命令の二重構造」はいっそう影響力を増します。命令を出すときに、その人が強そうに見えると効果が上がるのです。

たとえば眼鏡をかけている人は、頭を前に傾けて眼鏡の縁越しに相手を見つめるようにしましょう。じかに見つめられて、相手は不意を突かれた状態になります。お互いの間を隔てる物が急になくなるのです。眼鏡をかけていない人も、頭を前に傾けて、相手を上目遣いに見るようにしてください。このまなざしは強烈な印象を与えます。

顔の表情と、このパターンの影響力の強さとが結びついて、人をいやおうなしに命令に従わせることができるのです。

「それとも……？」

（言葉を濁す）

私がトランプの束をあなたに手渡し、「シャッフルしてくださいますか？」と聞いたとしましょう。答えは完全にあなたの手に委ねられています。イエスと言うかもしれないし、ノーと言うかもしれない。そのカードの束がシャッフルされてもされなくてもいいなら、それで問題はありません。

でも、たとえば私がトランプの束の一番上に密かにブラックジャックの必勝カードを乗せていて、本当はシャッフルしてほしくない場合はどうでしょう。私は「この束をシャッフルしてくださいますか、**それとも……？**」というように、「それとも」という言葉を加えます。たったそれだけで、ほぼ確実に相手にノーと答えさせ、シャッフルさせないようにできるのです（そして、後でまんまとその必勝カードを使うわけです）。

なぜそんなことができるのでしょう？　2人の人の間で情報が伝わるとき、そこには常に4つのポイントが存在します。話す側をA、聞く側をBとしましょう。

ポイント1　Aは何を考えたか。
ポイント2　Aは実際にどう言ったか。
ポイント3　Bは何を耳にしたか。
ポイント4　Bは何を耳にしたと思ったか。

このように4つのポイントを経る間に、誤解が生じる余地がたくさんあります。マジシャンはこのような余地をうまく利用して、意図的にBの心に話しかけるのです。

先の例でBが耳にしたのは、「シャッフルしてくださいますか、それとも……？」という言葉です。でもBは心の中で自らその文を完成させます。声に出さずに、「嫌ですか？」と付け足すのです。そのため、Bの心の中の会話では、すでに否定的な答えが用意されています。そして、私の問いかけにさっと答えるために、Bは最後に自分の頭に浮かんだ考え――「嫌ですか？」に飛びつくのです。

私は自信を持って言いますが、Ｂは98パーセントの確率でノーと答えるでしょう。

このように「それとも」と言って言葉を濁す機会は、１日のうちでいくらでもあります。いくつかの例をあげましょう。

「この最後に残ったケーキ、どなたか召し上がりますか、それとも……？」

（予測される答え→「かまいませんよ、どうぞ召し上がれ」）

「あのことについては、何か問題があるでしょうか、それとも……？」

（予測される答え→「いや、問題なんかまったくありませんよ」）

「少し早めに立とうと思いますがご迷惑でしょうか、それとも……？」

（予測される答え→「迷惑なんてとんでもない！　用意ができているならどうぞ」）

この質問法を個人的なやりとりに生かす方法を常に考えておきましょう。そうすればチャンスが来たときに、すぐに使うことができます。質問とともに、肩をすくめ、ノーという感じに首をかすかに振ると、より効果的。ジェスチャーを加えると、思いどおりの答えをさらに確実に引き出せるようになります。

「なぜなら……」
（理由をつける）

私たち人間は、目の前で起こったことの原因を常に探すものです。紙がひとりで机の上を動くのを見たら、直感的に、どこから風が入ってくるんだろうと考えるように。私たちの頭脳はこの因果関係を求める反応を深めることで、世の中を整理して把握するようにしてきました。この大前提を利用して、見る側の受け止め方を操作することができます。

ここでイエローストーン国立公園を訪れた、いたずら者の大学生2人の話を紹介しましょう。彼らはそこに古い車のハンドルをシャフトごと持ってきていました。観覧席の見物人たちがカメラを構えて間欠泉が噴き出すのを待っているところに、大学生の1人は間欠泉の脇に陣取りました。監視員からはちょうど陰になっていて、観覧席からはよく見える場所です。

間欠泉がブツブツ音を立てはじめたとき、もう1人の大学生が「全開だ、ビル！」と叫びました。指示された若者は猛然とハンドルを回しはじめ、そして間欠泉は空高く噴き出したのです。

その後2人は何年もの間、そのことを思い出すたびに声を立てて笑い合ったそうです。あの日あそこで見ていた見物人たちは、みんな間欠泉なんていんちきだったと考えながら帰っていっただろうね、と。

この有名な悪ふざけは、見物人の心の中に植えつけられた誤った結びつきを例示しています。結果のすぐそばに原因と思われるものを見つけると、人は自ら無意味な関連づけを行ってしまうのです。


でも、このテクニックを自分のために使うにはどうしたらいいでしょう？

「これを書きとめてください、**なぜなら**、とても重要なことだから」

この「なぜなら」を使ったセンテンスのパターンは、非常に説得力があり、先ほど説明した因果関係を求める反応を引き出します。この「なぜなら」という言葉を使い、その後に何かもっともらしく聞こえる理由を付け加えれば、相手はあなたがセンテンスの

MAGIC 7
会話を思いどおりの方向に導く
—— マジックワード

前半で述べた依頼をすんなり受け入れてくれるのです。

皮肉なことに、心理言語学的調査によると、「なぜなら」の後に述べる理由は、単に合理的に聞こえればいいのであって、本当に合理的である必要はないそうです。

たとえば、「これを書き留めてください、なぜなら、これを書き留めてもらう必要があるのですから」という言い方でも、単に「これを書き留めてください」と言うより説得力があるのです！　重要なことは、相手が「なぜなら」という言葉に触発されて、そこには十分な理由があるはずだと思い込み、無意識のうちに命令や要求を受け入れる心理状態になることです。

スーパーに行ったら、こんな実験をしてみてください。レジであなたの前に並んでいる人に**「先にレジを通していただけないでしょうか？　なぜならとても急いでいるので」**と頼んでみるのです。ほとんどの人がその要求に従って、列の前に行かせてくれます。この言い方は、単に「先にレジを通していただけないでしょうか？」と言うよりも絶対に効果があります。そのほうが、早く家に帰れるのは確かですよ。

「内緒だけど……」

（秘密を話す）

相手をそばに引き寄せて、自分の話に耳を傾けてほしいときはこう言いましょう。

「これは内緒の話だけれど……」
「本当は話すべきではないんですが、でも……」
「これは他の人に絶対話さないと約束してほしいんだ、いいね？」

秘密を聞きたくない人なんて絶対にいません。最初に「これは内緒の話だけれど」というメッセージを伝えれば、相手の頭の中で点滅していた「要注意」の表示ライトが消えます。そうしたら、劇的効果を添えるため、素早く後ろに目を配り人目がないことを確かめてから、おもむろに体を傾けて秘密情報を話しましょう。

もちろん、他の人を傷つけるような秘密を明かすことは推奨しません。むしろ、いかにも興味をそそる話に見えて、実は誰に明かしても差し支えないような他愛ない内容の「秘密」を話してほしいと思います。

このパターンは、親密な絆《きずな》をつくりだします。何といっても、私たち人間はよほど親しい友人の間でしか秘密を共有しないものです。こちらが「絶対よそに漏らされることはない」という信頼のもとに情報を伝えれば、相手は何らかの形で報いてくれるでしょう。あなたは、その相手に信頼を示したことになります。そうすると、相手はあなたのことを「なんていい人なんだろう。私のためを思ってくれているんだ」と考えるようになるのです。

ロバート・チャルディーニは『影響力の武器』(誠信書房)で、レストランでいつも一番多くチップを受け取る、ヴィンセントというウェイターについて書いています。

チャルディーニはヴィンセントの話術に触れるために、そのレストランにウェイターの助手として勤めました。彼はヴィンセントについてまわり、客とどのようなやりとりをしてそんなに多額のチップを稼ぎ出しているのかを学んだのです。

一般に、ウェイターやウェイトレスは、客にできるだけ高価なものを注文させようとします。チップの額を上げるためです。しかしヴィンセントは違いました。彼には、大人数のグループ客が来たときの定番のやり方があったのです。1人の客が注文すると、彼は眉根を寄せて前かがみになり、他のテーブルに聞こえないほどの声で言うのです。

「申し訳ありませんが、その料理は、今夜は、いつもほど出来栄えが良くありません。よろしければ○○か△△をお薦めしたいと存じます」

彼が薦めた2つの料理は、客が自分で選んだものより安価でした。ヴィンセントは明らかに自分の利益に反することをしたのです。

ところが、現実には驚くべきことが起こります。食事の後になると、客たちは誰もが同じように気前よく彼にチップを渡すのです。それにワインやデザートなど、本来なら断っていたかもしれないものまで、彼の薦めるままに注文してくれます。結局、ヴィンセントが客の出費を抑えてやったのは、前菜の金額だけだったことになるのです。

人から何かを得ようと思ったら、まず自分が相手に与えなくてはなりません。それがやりとりのルールです。

「運のいいことに……」

（希少価値を匂わす）

私がタネンズ・マジック・キャンプの学生だったとき、プロのマジシャンであるトム・オグデンは電話がかかってきたときの対処法を教えてくれました。誰かが出演交渉の電話をかけてきた場合、彼は次のような対応をするというのです。

1　「少々お待ちください。予定表をチェックしてまいります」と言う。
2　受話器を台に置く。
3　サンドイッチをつくりにいく。
4　戻ってくる。
5　受話器を手にとり、「はい。その日は空いております」と言う。

契約の申し出にすぐに飛びついたら、仕事に困っているように思われます。オグデンのサンドイッチはさすがに冗談ですが、**承諾する前にいったんは難色を示すことがいかに効果的か**を思い出させてくれる、ひとつの教訓となっています。

すでに日取りが決まっているイベントに私を雇いたいという申し出があったら、私はよくこういう言い方をします。「運よくその週は大丈夫です。その前の週はラスベガスで、翌週はサンフランシスコで演じる予定になっているんですよ」

私は、作り話はしません。嘘をつけば相手は必ず分かるものです。だから実際に予定表に記されている、現実の都市の名前を言うことにしています。ちょうど都合がつくと聞いたとき、申し込んできた相手は、引く手あまたの貴重品を獲得できたように思うでしょう。契約できて幸運だったと感じるに違いありません。

私はひとつの契約のたびに、大喜びしないように注意しています。喜びは電話を切るまで取っておきましょう。契約を終えるまではポーカーフェイスを貫いて、たとえこの契約が駄目になってもまったく問題ないというイメージをつくってください。そうすれば、あなたには他にもたくさんお客さんがいるんだと、相手に思わせることができるのです。

「○○しなければ、きっと△△できませんよ」
（テイクアウェイ・クローズ）

この手法は私がよく使っているもので、**「テイクアウェイ・クローズ（おあずけを食わして契約をまとめる）」**として知られています。

電話で金額を提示し合った後、私はよくこう言います。

「あなたの催されるパーティーには私は不向きかもしれません。何と言っても、私はかなり高いです。お望みでしたら、そこまで高くはないエンターテイナーをご紹介いたします。喜んで候補者の電話番号をお教えしますよ。彼らはスティーブ・コーエンに匹敵するパフォーマンスはしないでしょうが、妥当な仕事はしてくれるはずです。ただひとつ言えることは、もう一度電話をいただいても、この日にスケジュールが空いている可能性はないだろうということです」

この時点で、相手は口からよだれを垂らしはじめます。彼らは誰か「妥当な」人が欲しいのではなく、特別な人が欲しいのです。相手はぐずぐずしていると自分のパーティーに私を呼ぶことができなくなると感じ、決断を下します。「いや、承知しました。予約しましょう」と。

このパターンはロス・フレイミングと呼ばれる心理学的法則に基づいています。**人は何かを失う恐れを感じると、より素早くより断固とした行動をとるのです。**あなたは次の言い方のどちらがより効果的だと思いますか？

A 「今月中に注文すれば、15ドルのお得です」
B 「今日注文しないと、来月は15ドル値上がりします」

答えはBです。これを読んだ人は、今すぐに行動しないと何かを失うことになると考えます。これは典型的なロス・フレイミングのパターンです。Aのほうはゲイン・フレイミングと呼ばれるものですが、ご覧のとおり、これを読んでもすぐに行動しようという気にはなりませんよね。

では、このパターンの使用例をご紹介します。

「もし○○しなければ、きっと△△できませんよ」
「もし本気で○○しないのなら、この△△はあなたに向いていないということです」
「これはあなたに合った○○ではないのでしょう。あまりに△△すぎますから」

このパターンを使うほどの度胸はないとおっしゃる方は、人を動かすのに役立つ素晴らしいツールを失うことになります。

お分かりですよね？　これまで説明してきたパターンをそのまま使ってみました。これを読んで、ぜひこのパターンを使ってみようという気になったでしょうか？　きっとそうだと思います。たぶんあなたは「度胸なら十分にあるさ！」と思ったはずです。そしてちょっと防衛的な気分になって、威勢のいいところを見せたくなったでしょう。それを証明するために、私の思惑どおりの行動をとることになるのです。

これは心理操作ではありません。相手の意思に反した行動を強制しているわけではありません。選択権はあくまで相手にありますが、あなたがその決定を急がせたのです。

「こんにちは、○○さん」

（名前を呼ぶ）

人は自分の名前を呼ばれるのが好きです。だから、何かを言いはじめるときや言い終えるときに相手の名を言い添えれば、要求や提案は受け入れられやすくなります。

「これを手伝ってくれるかい、**マーク？**」
「これを選べばきっと満足されるはずですよ、**ダニエルさん**」
「**ジュリア**、君の企画の成果を楽しみにしているよ。いつごろ報告してもらえるかな？」
「**ブライアン**、今夜電話してくれるかい？」

メールに相手の名前を書かない人はたくさんいます。でも、似たり寄ったりで人間味のないメールがたくさん届くなかで、名前を入れることで大きな違いが生まれます。

「ルーマン様」「こんにちは、アレックス」などと最初に書くだけでいいのです。こんな簡単な気配りで、普通のメールが魅力的に変身します。

あなたが本当に人の心をつかみたいなら、人の名前をちゃんと記憶できるように努めてください。私はショーの間にいろいろな人の名前を尋ね、その名前を口にします。

実際に名前を呼ばないのなら尋ねる意味がありません。相手の名前を口にするメリットのひとつは、呼ぶことで記憶しやすくなるということです。イベントが終わるときに、「さようなら、ジェン。元気でね、オスカー。またお会いしましょう、デビー」というように、一人ひとりの名前を添えながらお別れのあいさつをしましょう。

人の名前を覚える、ちょっとしたテクニック

これは相手にとても喜んでもらえますし、思うほど難しいことではありません。名前を視覚的なイメージと結びつければ、すぐに記憶の達人になれます。

たとえば、私の名のスティーブは響きが「ストーブ」と似ていますよね。だから私の顔を見たら、頭上のストーブで鍋の湯が煮立っている場面を思い描けばいいのです。ハリーという人に紹介されたら、毛むくじゃらの「ハリ」ネズミか「ハリソン・フォード」

を思い浮かべましょう。遊び心でイメージを膨らまし、顔と名前を結びつけるのです。

自分の親戚や親友と同名の人に出会ったときは、親友とその人を結びつけてしまいましょう。私はパーティーで親友をその人に紹介する場面を思い浮かべることにしています。「ジェリーさん、こちらはジェリーです。ジェリー？　ジェリーさんだよ」ってね。その人の名前を何度も思い浮かべることによって、その名前を頭の最前列に置くことができます。それで必要なときにぱっと思い出すことができるのです。

自己紹介されたときには、少なくともその相手の名前を覚えようと意識してください。こういう簡単な一歩が大きな結果につながります。人はあることに強い関心を持つと、突然そのことがよく目につくようになるものです。たぶんあなたにも経験があるでしょう。たとえば車を購入するとき、この車種を買うと決めたとたんに、突然同じモデルの車がたくさん道路を走っていることに気づくのです。

名前を覚えるのも同じことです。**注意を払うようになると（これがポイントです！）、名前を覚えることは、思っていたほど難しくはありません**。むしろ実に簡単になります。

読者のみなさんも、どうぞ名前を呼んでください。人はあなたの言うことにいっそう興味を持って聞き入ってくれるはずです。

「〇〇してはいけない」／「〇〇しなさい」

（否定表現／肯定表現）

「ちょっと待って。ここから先は読まないでください。あなたはこのテクニックは知りたくないはずです」。こういう見出しを読むと、より、このセクションを読まずにいられなくなるはずです。どうしてでしょう？

我々の頭は肯定的なイメージで物を考えます。「〇〇してはいけない」という言葉は潜在意識にとって何の意味も持たないそうです。先ほどの見出しを見て、人は本能的に「このセクションを読んでください」と読みとります。その後で意識が介入し、最初の肯定的イメージを打ち消すのです。

人は、「したらいけないよ」と言われたら「しなさい」と言われたように、「怖がるな」と言われたら「怖がれ」と言われたように、「私の足を踏むな」と言われたら「私の足を踏め」と言われたように思うのです。

肯定的表現を上手に使いこなす

子どものころ、私たちはいつも「あれをするな、これをするな」と言われたものです。両親には気の毒ですが、この「○○するな」はあまりにたくさん聞かされるために、ないがしろにされ、実際は望ましくない行動の引き金となっています！　とくに子どもに対しては、いや大人に対しても、やってほしくないことではなく、やってほしいことを言うほうがいいのです。たとえば……


「鍵を忘れないで」ではなく、**「鍵をちゃんと持っていきなさいね」**と言いましょう。

「心配しないでください」ではなく、**「すべてうまくいっています」**と言いましょう。

「これを落とすなよ」ではなく、**「気をつけて持ちなさい」**と言いましょう。

「電話するのを忘れないで」ではなく、**「必ず電話してね」**と言いましょう。


大勢の人に指図をするときは、ストレートな言い方をするほうが自分の指示をはっきりと理解してもらえます。

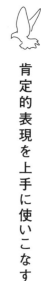

私はショーの中で観客のみなさんにインデックスカードを半分に折るようお願いします。かつては「縦長に折らないで、横長に折ってください」というふうに無意識のうちに否定的な言い方をして、よくみなさんを混乱させていました。今は「印刷面が内側になるようにカードを半分に折ってください。折った後はこんなふうになります」という、分かりやすい言い方に変えました。そして、自分で折ったカードを見本に掲げて、みなさんが正しく折れていることを確認できるようにしています。

言い方を改めて見本を添えるだけで、以前のような気まずい瞬間を自分のショーから無くすことができたのです。

「ご存じのように……」
（自明のことのように言う）

ご存じのように、人は自分が重要な問題に気づいていなかったことを認めたがらないものです。そういう人は無知だと思われたくない一心で、あなたが話すことなどとっくに知っていたようなふりをします。あなたはもちろん理解していらっしゃるでしょうが、こういう傾向のせいで、相手があなたの説明を信じる可能性はいっそう高くなるのです。結局のところ、彼らは聞いたことに反論するだけの情報を持ち合わせていないのです。

……ここまでふんふんとうなずきながら読んだ方は、本項でご紹介するテクニックにはまったことになります。前の段落を読み返して、文章の書き出しに注目してください。

「ご存じのように……」

「あなたはもちろん理解していらっしゃるでしょうが……」

「結局のところ……」

このように前置きされると、聞き手はその後で述べられる意見はすでに疑う余地のない情報なのだと考えます。「いや、私は気づいていなかった」とか「いいえ、理解していなかったわ」なんて、口をさしはさむ人はまずいません。どうぞ自信を持って話してください。こういうタイプの前置きをすることで、あなたの意見はとてももっともらしく聞こえます。

このテクニックは、妥当なこと、疑問の余地がないと思われることを強調するときに使ってください。自明のことのように言うことで、ちょっと権威的な雰囲気が出ます。権威のある人間のように振る舞えば——相手をじっと見つめながら、誠実に自信を持って話せば——いっそう効果的ですよ。ひるんだり、視線をそらしたりしてはいけません。自信に満ちた態度をとってこそ、相手に強く信じ込ませることができるのです。

でもこんなこと、あなたはもちろん、すでにご存じですよね？

「どれくらい……」

（論点の転換）

ここで、次の質問を考えてみてください。

「あなたは、あとどれくらいしたら、この本に書かれた心理戦略を使いはじめますか？」

もし私が「この本に書かれた心理戦略を使いはじめますか？」と聞いたら、あなたは単にイエスかノーで答えるはずです。でも、この質問は「あとどれくらいしたら……」と問いかけているので、焦点がまったく変わってきます。**この本に書かれた心理戦略を使うか使わないかではなく、〝いつ使いはじめるか〟に意識を集中させることになるのです。**

このパターンは、相手が当然その行為をすることを仮定、もしくは前提としています。私はこういう質問をすることによって、あなたがこのパターンを実際に使っているところを想像するように仕向けているのです。つまり使うかどうかはすでに問題ではなく、いつ使うかを問題にしていることになります。いくつかの例を見ていただきましょう。

「このことで、あなたはどんなに感動するでしょう?」

↓「感動するでしょうか?」ではなく、すでに感動することが前提になっています。あとは程度の問題で、少しは感動するか、とても感動するか、最高に感動するかなのです。いずれにしろ、あなたは相手を感動するという設定に乗せてしまったわけです。

「どれくらい早く部屋の掃除ができるかな?」

↓「部屋を掃除しなさいよ」という代わりに、私がいつも息子に言っていることです。息子がどんなに早く掃除に取りかかるかは、感動ものですよ。

「貴社の宣伝にわが社がどれだけ役立つかについて、興味をお持ちですか?」

↓「貴社の宣伝にわが社が役立つことをご存じですか?」と聞くのではなく、自分の会社が相手の会社の宣伝に実際に役立つことを前提にしています。聞き手がこちらの会社の能力に関心を持つかどうかに、問題を転換しているわけです。

また、パフォーマンスの中で、私はよくこう尋ねます。**「このコインが消えたら、あなたはどんなにびっくりするでしょう？」**

これは答えを必要としない質問として、ただ口にするだけです。観客に答えを求めることはありません。それぞれが頭の中に自分の答えを思い浮かべ、そして私の指先で実際にコインが消えた瞬間、本当にびっくりするというわけです。

この質問は、相手が驚くことが前提になっています。そしてさらに、相手の意識をコインに向けさせるよう、うまく仕向けています。トリックを見せる直前にこの簡単なセリフを言うようになってから、観客の反応は飛躍的に高まりました。

〝あなたはこの新しく学んだパターンを使うことを、どれくらい楽しみにしていますか？〟

どうぞ実際に使って確かめてくださいね。

「どちらにしますか？」

（二者択一）

トム・ホプキンスの名著『営業の魔術』（日本経済新聞社）によれば、賢いセールスパーソンはお客さんに「このソファをお求めになりますか？」と聞かずに、**「配送日は1日と15日のどちらがよろしいでしょうか？」**と聞くそうです。お客さんが「1日までに届けてほしいな」と答えたら、それは要するに「ええ、あなたからこのソファを買います」と言ったのと同じです。売買はすでに既成事実と見なされています。あとは、いつ商品を配達するかを決めればいいわけです。

ノーと言わせない質問の技術

前項の「論点の転換」ともかかわってきますが、相手にイエスかノーかを聞くのではなく、who（誰が）、what（何を）、where（どこで）、when（いつ）、why（なぜ）という「W」の質問に答えてもらうようにしましょう。こういう質問の仕方によって、相手の抵抗があっても無理なくかわすことができます。

この「W」の質問では、聞き手が選ぶことができるように、2つの選択肢を提示してください。

「今夜、食事に行かない？」と聞かずに、**「今夜の食事はレストランAとBのどちらで食べようか？」**と聞きましょう。

「週末に何かやりたいことはない？」ではなく、**「土曜と日曜のどっちに街に出かけようか？」**と聞きましょう。

「なぜいつも期限までに計画書を出せないんだ？」ではなく、**「金曜の午後までに、計画書を僕の机に置いておけるかい？　それとも月曜の朝のほうがいいかな？」**と聞きましょう。

「いつか、あなたのオフィスをお訪ねしてもよろしいですか？」と聞かずに、
「今日はあなたのオフィスの近くまで出かける予定です。2時と3時半のどちらにお邪魔するとご都合がよろしいですか？」と聞いてください。

お分かりのように、それぞれ後者の質問はある前提を置いています。質問された相手は、その前提の枠の中で考えるしかありません。肝心な点は2つの選択肢を用意し、そのどちらが選ばれてもあなたに都合が良いようにしておくことです。

このような質問スタイルは、人間が持つ自然本能――ノー・インスティンクト（ノーと言いたがる本能）をさらりとかわしてしまいます。

ノーと答えてすべてを否定するのは簡単です。相手にそんな選択肢を与えたくありませんよね。だから、二者択一の質問を考えましょう。このパターンを使えば、相手からさらに実りある答えを引き出すことができますよ。

さあ、実際に使ってみましょう

この章のマジックワードをすべて読み通した今、あなたはひとりで肩をすくめているかもしれません。「こういう言い方なら、これまでもしてきたけどな……」って。そうです、確かにあなたは以前からこういう言い方をしていました。誰だってそうなのです。どれも日常に使う言葉ばかりですからね。

ただ、私たちはこの言い方にどれだけの力があるかに気づいていませんでした。マジックワードを日常会話の中で戦略的に使おうと決心したなら、相手がこちらの予測どおりの反応を示すことに、あなたは愉快な驚きを感じるはずです。

あなたは相手の意思に背いたことをやらせようとしているわけでありません。それを忘れないでください。単に相手に影響を与えているだけなのです。マジックワードの練習を積み重ねるうちに、それはあなたの第二の天性になり、職場や家庭の会話の中で自然に口にできるようになるはずです。

ビジネスパーソンはこのテクニックを使って、有利な取引を結ぶための雰囲気づくりができるでしょう。夫や妻はマジックワードを使って、パートナーがこちらの意見や要望を受け入れるように仕向けることができるでしょう（夫婦そろってこの本を読んでしまった場合はもちろん駄目ですけどね！）。

このパターンを学んだなら、ぜひ実際に使ってみてください。それが一番大事です。素晴らしい効果があることに、あなたはうれしい驚きを覚えるはずですよ。

MAGIC 8

相手の視線や興味を思うままにあやつる

ミスディレクション

聞き手の無意識に働きかける圧倒的な心理術

この章で明らかにする心理術＝ミスディレクションは、マジシャンにとって、これまで紹介してきたどんな秘訣よりも大切なものです。明かすのがもったいない気がして、実は書かないでおこうと思ったくらいです。でも、この秘訣はすでに公にされている心理学的法則に基づいています。だから、当然あなたにも学ぶ権利があるのです。

ミスディレクションを学んだら、マジシャンの技はすべて見抜けるようになるでしょうか？　とんでもない。この法則はあまりに圧倒的で、見てもまったくそれと分かりません。ミスディレクションは人間性に基づいているため、これに意識的に対抗することはほとんど不可能です。**もし背後でドカンという大きな音がしたら、あなたはそちらを振り向きますよね？　ミスディレクションとはそういうものです。**そんなにはっきりしたものとは限りませんが、それくらい確実なものなのです。

ここで手っ取り早くミスディレクションについて理解していただくために、ゲームをしましょう。次の質問にできるだけ早く答えてください。

1　人間の両手に指は何本ある？

2　手が10あったら、指は何本？

あなたが普通の感覚を持った人間だったら、きっと「10本」と「100本」と答えるでしょう。最初の答えは正解です。でも2番目の答えは違います。

この簡単な実例は、ミスディレクションのはたらきを簡潔に示しています。1番目の質問によってあなたはある特定の方向に導かれ、ある種の心理状態に置かれました。次の質問をされたとき、あなたは1番目の答えをベースにして、2番目の質問に答えたのです。10の10倍は100というふうにね。単純に見えるでしょう？　これこそがミスディレクション。とても単純なのです。受ける側には、何の問題もないように見えます。すごく簡単じゃないかって。ところが、ゴールに着いてみると、途中で何かの情報を見落としているのです。

ちなみに、さっきのゲームの2番目の答えは「50本」ですよ！

ミスディレクションは思考の流れを自在にあやつる

ミスディレクションの技術は、ずっと私のパフォーマンスの支えとなってきました。この技術は、4000年以上昔にエジプトで演じられていた「カップ・アンド・ボール」にまでさかのぼることができるそうです。

カップ&ボールは、3つのカップの下から小さなボールが現れたり、移動したり、消えたりするマジックです。トリックの最後には、たいてい大きめの3つのアイテム――ジャガイモやビリヤードの玉、本物のヒヨコたちが現れて、驚きのフィナーレとなります。観客たちはもう大喜び。自分たちがまったく気づかないうちに、マジシャンは「最後のタネ」を見事にカップに入れていたわけですからね。

このタネは観客の目の前で公然とカップの中に入れられたはずなのに、本当に彼らには見えなかったのです。パフォーマンスの各段階で、何かしら興味を引く物が提示されるので、観客はどうしてもそちらに注意を引かれてしまいます。そしてマジシャンが意図したとおりの場所を見つめてしまうので、最後のタネが見えないのです。

エジプトの手品師が用いたミスディレクションは、今もなお現代の観客に効力を発揮しているのです。すごいことですよね？　技術や素材のあらゆる進歩にもかかわらず、マジックを成り立たせる心理的原理は何世代にもわたってずっと変わらないのです。

観客の注意をそらすことは、その注意をコントロールすることだ。
――フレッド・ロビンソン（英国のマジシャン）

マジシャンは自分の特定の行動から観客の注意をそらすのではなく、何とかして他のものに注意を向けさせるのです。右にフレッド・ロビンソンの言葉を引用しました。この章で何かひとつ学ぶとしたら、ぜひこれを覚えてください。**ミスディレクションとは気を散らすことではなく、観客の思考の流れを一貫してコントロールすることなのです。**

このことをご理解いただくために、初心者用のトリックを実際にやっていただきたいと思います。これは完全にミスディレクションに基づいたトリックで、簡単な練習でできるようになります。

エクササイズ15 ― 消えたペンキャップ

ステップ1

ペンを取り出し、キャップをはずして左の手のひらに載せます。体をなかば横向きにして、観客にあなたの左肩が見えるようにして、こう言います。「3つ数えたら、このキャップは消えます。今から数えますから、キャップから目を離さないでください」

右手のペンを魔法の杖のように大げさにかざして見せ、「1、2、3」と数えるたびにペンでキャップをたたいてください（265ページ上図）。たたく前に、その都度ペンを目の高さまで上げることを忘れないようにしましょう。

ステップ2

3度目にペンを高く上げたとき、そのペンを右耳の上に滑り込ませ、265ページ下図のように、そのまま耳に挟んでおきます。観客はキャップのほうに注意を集中していますから、あなたが何か仕組んだとは気づきません。ここでしくじらない

ステップ 1

ステップ 2

MAGIC 8
相手の視線や興味を思うままにあやつる
——ミスディレクション

ように、うまくタイミングを計ってください。

ステップ3

ペンを3度目に振り下ろすしぐさをしながら、「3！」と言います。下図のように、ペンは右手から消えています。そこでひとこと、「なんと、トリックが逆になってしまいました。キャップではなく、ペンが消えてしまうなんて。どうしたことでしょう！」とジョークを言います。

ステップ4

最後に、本当にキャップを消すための追加のトリックをお教えします。最

ステップ 3

初のステップ3を終了したら、すぐに続けて行います。

キャップを持っている左手をこぶしに握ります。「さあ、今度はちゃんとやりますよ。ここにあるペンを使ってキャップを消してしまいましょう」と言ってください。そして右耳に挟んだままのペンを、右手で指さします。観客の注目がペンに集まっている間に、キャップをあなたの左ポケットに入れてしまいましょう。

キャップを「持ち去った」(「消す」の意味のマジック用語)後も、左手は緩くこぶしに握っていてください。いかにも中にキャップがあるかのように振る舞うのです。

右手にペンを持ち、3つ数えながら左こぶしをたたきます。それから手を開いて、空っぽの手のひらを見せましょう。キャップは本当に消え去っていて、どこに行ったのか誰にも分かりません。ミスディレクションはとても強力なので、観客はあなたが指し示す物しか見ないのです。

常に聞き手の関心をコントロールしよう

これまでの説明を読んでお分かりいただけるように、マジシャンは緻密な計算の上にトリックを考え出しています。何気ない手の動きや姿勢の変化も、実際は完成までに何ヶ月もかかる場合もあるのです。私たちは、観客の視線が決められた流れをたどるように誘導し、彼らが思わぬタイミングで思わぬ場所を見ることがないようにしています。そうするためには、本当に入念な計画が必要です。

10秒ごとのタイムテーブルをつくる

トリックのパフォーマンスを企画するとき、私は10秒ごとに新たに観客の目を引くものを登場させるように心がけています。これはテレビのプロデューサーが、視聴者にチャンネルを変えさせないためにとっている手法と同じです。
集中力が持続する時間は近年ますます短くなってきており、これは主にテレビのせいだと考えられています。今度、あなたが娯楽番組やニュース番組を見るときには、心の中で10数えてみてください。そしてテレビ画面の変化に着目しましょう。きっと10秒で画面がすっかり変わっていることに気づくはずです。

スコットランド出身の有名なマジシャン、ジョン・ラムゼイは、**観客の視線をある箇所に注がせたいのなら、まずあなたがそこを見なさい**と言いました。人は重要そうだと感じるものに注目します。あなたが何かに目をやれば、他の人はそこには注目するだけの価値があると考えるのです。

プレゼンテーションの計画を練るときに、特に時間をかけるべきことは、聞き手に何を考えさせるかを数秒ごとのタイムテーブルで考えておくことです。会場にいる人全員が「おい、10秒だけだよ」と書いた野球帽をかぶっていると想像してください。だって、彼らが気をそらさずにあなたの話を聞いてくれるのは10秒だけなんですから！　たいていのプレゼンターは、パワーポイントの画面を何分間も変えないままにしておきます。だから、話している間に多くの聞き手の関心が薄れてしまうのです。

もし10秒ごとに何か興味を引くことを提供できなくても、悩むことはありません。コメディアンは30秒ごとに大きな笑いをとるようにしています。そちらを目指しましょう。大勢の人の前に立つときには、いつも自分をエンターテイナーだと考えてください。面白い話術も、マジックの技も不要です。ただ、興味を引くことができればいいのです。

動作を用いて相手の興味を引きつける

人の興味をそらさない手段のひとつは、動くことです。人の目は動くものを追いかけます。そのようにできているのです。これは、動物の襲撃などの危険から身を守るために、有史以前から機能してきた生存のためのからくりです。幸運なことに、このおかげでマジシャンもいっそう人を欺きやすいというわけです。

マジシャンはこの原理をよく「大きな動きが小さな動きを隠す」と言います。**2つの物体が動いているとき、人の目は早くて大きな動きをするほうに引きつけられるのです。**

この原理を利用しているのはマジシャンだけではありません。これは人間の行動に深く染みついているものです。

たとえば、バスケットボールの選手はある方向にパスするように見せかけて、別方向にボールをパスします。武道家は上に動くようなそぶりで対戦相手の目を欺き、腹に一撃を食らわします。

そして、もちろん親たちも小さな子どもに対してこの原理を使っています。子どもをお持ちの方は、おもちゃやカラーボールなどの動くものを使って子どもの注意をそらした経験が何度もあるはずです。彼らがそちらを見るやいなや、ハサミなど子どもの目に触れさせたくない物をさっと隠すのです。効果はいつも抜群ですよね。

次の会議やスピーチのときには、どうぞ話に動きを加えてください。ここに、聞き手の注意を引きつけておくためのアイディアをいくつか書いてみましょう。

・椅子から急に立ち上がって、立ったまま次の要点を話す。
・部屋中を歩き回り、重要なポイントになるたびに違う椅子やテーブルに寄りかかる。
・何か（ノート、本、鍵など）を落とす。バタッ、ジャラッという音がすると、人は無関心ではいられません。みんなが注意散漫になっているときに効力を発揮します。
・立ち上がって部屋の中を歩くよう指示する。体を動かすことによって聞き手の脳が活性化し、あなたの話に対する興味が湧きます。私もショーの間に何回か観客全員に歩いてもらっています。席に戻ったときには、集中力が蘇っていますよ。

好奇心は猫を殺す（せんさく好きは身を誤る）といいますが、退屈は観客を殺します。何をするにも動きを添えることで、人々の興味をとらえられることができるのです。

オフビートの瞬間を利用する

音楽を演奏したことがある人は、シンコペーションをご存じだと思います。オフビート（弱拍部）にアクセントを置く奏法のことですね。「1・2・3・4」という普通のリズムだったら、「・」の部分がオフビートです。つま先でリズムをとる場合なら、トンとたたいたときではなく、つま先を上げたときがオフビートなのです。

身近でオフビートを体験したかったら、ホラー映画を見るのが一番です。このジャンルには典型的なパターンがあります。

まずクレッシェンドで弾くヴァイオリンで緊張感が高められます。主人公が鍵穴をのぞき込み、隣の部屋に誰がいるかを確かめようとします。彼はドアを開け、中に踏み込みました。そして……何も起こりません。ヴァイオリンの音は止み、部屋には誰もいませんでした。ほっとして、あなたは「ふうっ」とため息をつきます。でも、リラックスした瞬間、殺人鬼が背後から飛び出して、チェーンソーで主人公を襲撃！「ワー！」と叫ぶあなた。映画監督は、観客がまったく予測しない場面に、こういう恐怖の出来事を挿入します。つまり、オフビートの瞬間を狙うわけです。

マジシャンはオフビートの世界で生きています（でも、チェーンソーを持って襲いかかったりはしませんよ！）。私たちは緊張が薄れる瞬間を待ちます。**観客はほんの一瞬警戒を緩めるものです。マジシャンはそのわずかなすきに行動するのです。**

あなたはマジシャンではありませんから、会話やプレゼンテーションのオフビートのあいだに何かを仕掛ける必要はありません。その代わり、このオフビートを利用して、聞き手より何歩か先に進めばいいのです。オフビートを使って、余分な時間を確保するのです。

たとえば、あなたがジョークを言えば、みんなはオチのところで笑うでしょう――まあ、面白ければの話ですけど。観客は話の盛り上がり部分で緊張を感じ、オチの部分でほっと力を抜きます。ジョークの最終部分で聞き手は気を緩めるのです。緊張したまま笑うことはできませんからね（自分で試してみると、分かるはずですよ）。

でも、ユーモアの達人であるあなたは、自分のジョークで笑っていてはいけないのです。代わりに、観客が笑っているあいだの時間を使って、次に言うことを考えてください。コメディアンは観客が笑いだすのを待ってから、次のもっと大うけするジョークを「ひねり出し」ます。自分の頭を停止させることは決してしません。それどころか、観客より数歩先を行って、どうやって次のジョークで最高の笑いをとるかを考えるのです。

リラックスはするものではなく、させるもの

忘れてならないことは、あなたがリラックスする必要はないということです。笑う必要も、ほっとため息をつく必要もありません。あなたは主導権を握っているのです。オフビートをつくりだす人間は、オフビートがつくりだすあいまいさを超越しなければいけません。

あなたが意見を述べているあいだ、聞き手は緊張していることをまず理解しましょう。**その緊張を解く要素をトークの中に組み込んでください**。それがプロのやることです。

たとえば、私は各々のトリックの後に観客が何秒間拍手してくれるかを正確に把握しています。これは実に役に立ちます。あとどのくらいで観客がまた私に注目しはじめる

かが分かりますからね。

観客が笑ったり拍手したりしているあいだに、あなたは素早く頭を働かさなければなりません。彼らはあなたに作戦を練るための「時間稼ぎ」をさせてくれているのです。観客と一緒にリラックスしていてはいけないのです。あなたは彼らの仲間ではありません。あなたにはリーダーとして彼らを次の大事なポイントへと導く役割があるのです。

ミスディレクションをビジネスや日常生活に取り入れる

ミスディレクションはそれだけで使えるツールではありません。それよりもはむしろ、マジックパフォーマンスそのものに織り込まれているものです。

マジシャンは何気なく見えるジョークやジェスチャーを慎重にパフォーマンスの中に配置し、最高のタイミングで観客の注意を緩ませます。マジシャンがトリックに必要な秘密の動作をするのは、こういうリラックスの瞬間なのです。

ミスディレクションが確実に効力を発揮するのは、入念に計算されているからです。あなたはマジシャンのように、ジャガイモやビリヤードのボールをカップの下に滑り込ませる必要はないでしょう。でも、ミスディレクションの訓練を応用することで得るものはたくさんあるはずです。**社内ミーティング、プレゼンテーションや日常の会話などさまざまな場面において、聞き手の注意を常にコントロールできるよう真剣に考えてください。**

何の関心も払ってくれない相手に影響を与えることはできません。一定の間隔で何か興味を引くような物を提供して人の注意を引きつけ、人々を自分の思いどおりの方向に導いてください。

あとがき

この本を読みはじめるとき、あなたはたぶんこう思ったことでしょう。「マジシャンが堂々としたカリスマ的な人間になる方法を教えるって、いったいどうやるんだろう？　魔法の杖が必要なのかな？　目から稲妻光線を出す方法でも教えるつもり？」

でも読み進むうちに、マジシャンの技はあらゆるコミュニケーションの達人の技と一致することを理解していただけたと思います。何百時間もかけて巧妙なトリックを習得する必要はありません。それよりも、誠実であること、ショーマンであることを第一に考えてください。この本は、そうなるためのあらゆる練習方法をあなたに提供しています。あなたが学んだことを実際に応用すれば、相手は椅子から身を乗り出してくるでしょう。あなたが次に何を言うかを聞き逃したくなくて、じっと注意を集中するはずです。

私はあなたに自分の大切な秘訣をお話ししました。今度はあなたが実社会でそれを応用する番です。ピープル・プラクティス（人前での練習）を覚えていますか？　人前で実践しなければ、人の心をつかむ技は上達しません。「引っ込み思案」という言葉は、あなたの辞書から消してください。さあ外に出て、思いきって行動しましょう。生き生きとした言葉を使い、堂々とした態度で、瞳を輝かせながら自分の考えていることを話してください。

それに、気づいていないかもしれませんが、あなたはもうすでにマジシャンなのです。ハンカチーフを消したり、フェラーリを浮揚させたりする方法をぱっと思い浮かべることはできなくても、あなたは本当のマジックを演じることができます。**本当のマジックとは何でしょう？　それはシンプルなこと――子どもを笑わせたり、友達が障害を乗り越えるのを助けたりすることです。**

マジシャンの力は、一見ささいなもののように見えるでしょうが、その力には並外れた影響力が秘められています。空っぽのスカーフから鳩を取り出すのは、ひとつの創造行為です。あなたも同じように新しい人間関係や、新しいビジネスを創造してください。本を書いたり、家を建てたり、ワクワクするような未来を描いてもいいのです。あなたなら、他の人が見いだせなかった機会をきっと見つけられるはずです。

私たちの人生にはマジックが必要です——今日のように不確実性に満ちた時代には、特にそうです。私たちには驚きや神秘を感じる必要があるのです。マジックとは、私たちの周りに起こる素晴らしい出来事の象徴です。すぐそこの角を曲がったら、自分の人生を輝かせてくれる何かに出会うかもしれない、マジックはそんな気持ちを思い出させてくれます。

他の人たちの人生に喜びをもたらす方法を常に考えましょう。人と接するときは、それを楽しむ気持ちを忘れないでください。これはマジシャンにとって重要な目標のひとつです。いつも遊び心を持って生きていきましょう。特別なトレーニングはいりません。あなたにはすでに逆境に打ち勝つ力も、想像力も、人を励ます力も備わっています。結局のところ、マジックにとってそれが一番大切なことなのです。

本書は2007年に小社より出版した『カリスマ手品師（マジシャン）に学ぶ超一流の心理術』を改題し、再編集したものです。

マジシャンだけが知っている 最強の心理戦略

発行日　2015年8月30日　第1刷

Author　スティーブ・コーエン

Translator　宮原育子
Illustrator　小池アミイゴ
Book Designer　西垂水敦＋三森健太（tobufune）

Publication　株式会社ディスカヴァー・トゥエンティワン
〒102-0093 東京都千代田区平河町2-16-1 平河町森タワー11F
TEL　03-3237-8321（代表）
FAX　03-3237-8323
http://www.d21.co.jp

Publisher　干場弓子
Editor　千葉正幸

Marketing Group
Staff　小田孝文　中澤泰宏　片平美恵子　吉澤道子　井筒浩　小関勝則
千葉潤子　飯田智樹　佐藤昌幸　谷口奈緒美　山中麻吏　西川なつか
古矢薫　伊藤利文　米山健一　原大士　郭迪　松原史与志　蛯原昇
中山大祐　林拓馬　安永智洋　鍋田匠伴　榊原僚　佐竹祐哉
塔下太朗　廣内悠理　安達情未　伊東佑真　梅本翔太　奥田千晶
田中姫菜　橋本莉奈　川島理　倉田華　牧野類　渡辺基志
Assistant Staff　俵敬子　町田加奈子　丸山香織　小林里美　井澤徳子　橋詰悠子
藤井多穂子　藤井かおり　葛目美枝子　竹内恵子　清水有基栄
小松里絵　川井栄子　伊藤由美　伊藤香　阿部薫　常徳すみ
三塚ゆり子　イエン・サムハマ　南かれん

Operation Group
Staff　松尾幸政　田中亜紀　中村郁子　福永友紀　山﨑あゆみ　杉田彰子

Productive Group
Staff　藤田浩芳　原典宏　林秀樹　三谷祐一　石橋和佳　大山聡子
大竹朝子　堀部直人　井上慎平　松石悠　木下智尋　伍佳妮　賴奕璇

DTP　濱井信作（Compose）
Printing　中央精版印刷株式会社

ISBN978-4-7993-1765-5